Mi cariño y oración
por Teresa Castellanos.

Dios bendiga tu
vida y la llene de
esperanza y de fe.

La esperanza del justo
Meditaciones sobre Job

Padre Salvador Carrera

Testimonio y Valores A. C.

DEDICATORIA

A mi madre Belem,
triturada por la enfermedad y el dolor
del que nunca se quejó ni renegó.
Con su vida y ejemplo
enseñó a mis hermanos y a mí,
el camino para buscar a Dios
en la caridad con los más pobres.

A mi hermano René,
quien a su manera
encarnó en su vida la historia de Job,
y en su muerte encontró la victoria
por la que tanto luchaba.

A quienes tanto sufren,
amigos y conocidos en el camino de la vida.
Mi reconocimiento y mi respeto
por su fortaleza y por su fe.

CONTENIDO

Imagen de Portada (Job y su mujer)

Introducción

IMAGEN DE PORTADA
(Job y su mujer)

El autor francés Georges de la Tour vivió del año 1593 al año 1652. En 1631 pintó esta bellísima obra "Job y su mujer" la cual se encuentra en el Museo Departamental de Épinal, en Francia.

La pintura está inspirada en la cita bíblica del libro de Job: *"Su mujer le dijo: "¿Todavía vas a mantenerte firme en tu integridad? Maldice a Dios y muere de una vez"* (Job 2, 9).

La imagen destaca por la luz de la vela que ilumina las penumbras en el cuadro, especialmente los rostros de los personajes y sus miradas. También la luz pone al descubierto el cuerpo llagado de Job.

Enseguida, también emerge la figura de Jesucristo, del cual Job es imagen y anticipo. En medio del sufrimiento y la humillación, la esperanza del justo se mantiene viva: *"Si aceptamos de Dios lo bueno, ¿no aceptaremos también lo malo?"* (Job 2, 10).

INTRODUCCIÓN

Este trabajo lo tenía en mente desde hace tiempo. Invitado por distintas comunidades a charlas y retiros, especialmente en Estados Unidos, me daba cuenta de que, al citar pasajes del libro de Job, o al referirme a él, había un interés especial, más que en cualquier obra citada.

Este interés no es mera casualidad. Durante miles de años años la gente se ha sentido atraída por este libro y por Job, su protagonista.

Sorprende que, en estos tiempos de modernidad, nos sintamos más que nunca atrapados en su lectura. Tal vez porque la búsqueda desenfrenada de seguridades materiales nos estrelle contra la vida de un hombre que de repente pasa de la felicidad a la desgracia, de la riqueza a la miseria, de prestigio, a la traición y al abandono. De estar en lo más alto, descendió a la total humillación.

Nada de esto sucede porque sí, y Job se verá de repente envuelto en una serie de calamidades, inducidas por la intriga manipuladora de Satanás. También sus amigos lo acusarán y Dios permanecerá callado. Ante tanto dolor llega un momento en que Job estalla y pareciera que su esperanza se desvanece.

El interés también radica en que Job es uno de los libros más fascinantes y de los más bellos de la Biblia, junto con los salmos y los Evangelios. Al mismo tiempo es uno de los libros, más difíciles de entender. A eso me enfrenté al querer publicar este libro, porque mientras más leía de Job, más temas me surgían, junto con muchas dudas y preguntas por responder.

Al intentar reflexionar y escribir algo, sentía que en cada página iba para atrás y muchas veces estuve decidido a no continuar. Estoy convencido que el libro irá madurando con la lectura de otros libros, la aportación de muchos lectores, y con nuevas reflexiones que iré incorporando en ediciones posteriores.

Es normal que al escribir un libro así, no todas las ideas sean propias. ¿Quién podría escribir un libro sobre Job sin recurrir a múltiples autores? Para mi sorpresa, al ir leyendo diferentes libros sobre el tema, me daba cuenta de que muchas ideas se repetían y que las mismas fuentes salían a la luz.

Quien se atreve a escribir algo sobre Job debe tener la humildad de reconocer que su aportación es muy pobre, y que, si intentas decir algo, tal vez te encuentres con que ya alguien, de una u otra manera, lo había dicho anteriormente.

En la medida de lo posible, intentaré ser lo más fiel para mencionar las citas y autores que lleven al lector a la fuente original.

Algo muy importante es que el libro tiene abundantes citas del libro de Job. Esto con la finalidad de llegar a la fuente de las ideas y reflexiones.

Dichas citas bíblicas son el valor más grande de este trabajo. Les invito disfrutarlas como cuando le sirven a uno una rebanada grande de pastel, o una porción abundante del alimento que más nos gusta.

Pero en este libro, no sólo tenemos como fuente a Job y a otros autores, sino a algo no menos importante, el sufrimiento propio, o el de personas amadas o conocidas en el camino de la vida.

Vi a mi madre triturada por la enfermedad y el sufrimiento. Fui testigo de su evolución espiritual hasta su muerte. Mientras más grande su dolor, más grande también su fe.

Ella tenía en la cabecera de su cama un crucifijo. Y en un momento de mucho dolor, me hermana religiosa le dijo: *"mamá, te doy una pastilla para el dolor",* ya que para el cáncer en el hígado quería sólo tomar una aspirina. Mi madre, levantando la cabeza hacia el Crucifijo, le dijo a mi hermana: *"hija, más sufrió Él".*

Un hermano mío luchó muchos años contra la enfermedad, hasta el punto de ser capaz de emprender cada día una nueva batalla con tal de vencerla. Al final de sus días terminó desvanecido en las manos de Dios, lo cual no fue derrota, sino victoria al estilo de Job.

En mi Fundación (www.HogarEmaus.org) soy testigo del dolor de muchos enfermos, de quienes viven en total pobreza y marginación social. Escucho el llanto de los niños enfermos y veo los rostros de las madres cansadas y desgastadas por tanto mendigar ayuda. El libro de Job lleva inscrita la historia de cada uno de ellos.

En el fondo de todo el drama que estamos por meditar, existe una pregunta: ¿podemos las personas amar y servir a Dios desinteresadamente? Satanás apuesta que no. Con su drama Job intentará responder esta interrogante.

Job es un hombre que lucha por defender su inocencia hasta el final, aún a costa de luchar contra Dios mismo y contra aquellos que proclaman ser defensores del bien. Gritará palabras desgarradoras para manifestar su sufrimiento.

Es recomendable hacer una lectura pausada del libro de Job. Será nuestro alimento principal en estas reflexiones. Al leerlo y meditarlo será posible, como afirma Jean Lévêque: *"reconocer en Job a un compañero de camino que se atreve a decir en voz alta lo que todo el mundo siente confusamente en la hora de la prueba"*.

Padre Salvador Carrera

1

EL LIBRO

*"Había en el país de Us
un hombre llamado Job.
Este hombre era íntegro y recto,
temeroso de Dios
y alejado del mal"*
(Job 1, 1)

La finalidad de este trabajo no es hacer exégesis, ni historiografía bíblica. Su objetivo es reflexionar de una manera muy sencilla elementos del libro de Job, que de alguna manera iluminen la vida de los lectores.

Pero es inevitable detenerse a hablar un poco del libro, de su sentido, de su composición y de su historia para situarnos mejor en el camino de la reflexión. De eso trata este capítulo.

La vida de los pueblos nómadas que andaban por el desierto era una vida muy dura, quizás ahí nació el libro de Job. Ellos, al igual que los judíos, creían que la fortuna y la prosperidad eran el premio por llevar una vida honrada.

A los que les iba mal en la vida, era porque se lo merecían. Todo correspondía al pago de las acciones humanas. por eso la idea de que un justo sufriera no les podía entrar en la cabeza. Esta es la teoría retributiva, que defenderán los amigos en el libro de Job.

Job es un libro muy actual, pues el misterio del mal y del sufrimiento acompaña el caminar de nuestra vida. Estos misterios nos queman y cuestionan cuando tocan la vida de los inocentes, llevándonos a poner en juicio las acciones de Dios, e incluso su propia existencia.

Por muy creyentes que seamos, todos nos sentimos limitados para dar respuestas satisfactorias a lo que consideramos injusticias, o a la presencia del mal en el mundo.

"El problema del mal -físico y moral- se plantea en la generación presente, como en la época de Job. De su solución depende la dirección de la vida, y, por tanto, nuestra felicidad o nuestra desgracia. De ahí el interés actual del libro de Job" (José Luz Ojeda, El libro de Job, página14).

Dos preguntas fundamentales para entender el libro:

- ¿Puede el ser humano creer en Dios en forma desinteresada, sin esperar recompensa y temer castigos?
- ¿Existe alguien que desde el sufrimiento injusto sea capaz de afirmar su fe en Dios y hablar de Él, gratuitamente?

"El Satán, y con él todos los que tienen una concepción mercantil de la religión, lo niega. El autor -que sin duda ha conocido la dificultad que el dolor humano, propio y ajeno, representa para la auténtica fe en Dios- piensa por el contrario que sí. El personaje Job, a quien carga con sus propias vivencias, será su heraldo". (Gustavo Gutiérrez, Hablar de Dios desde el sufrimiento del inocente, Pág. 30)

Al leer con calma el libro de Job, encontraremos una serie de interrogantes los cuales enfrentamos con frecuencia en nuestra vida. Por ejemplo:

- El misterio del mal y del sufrimiento.
- El silencio de Dios hasta el punto de sentirnos abandonados por Él.
- Las dificultades de dialogar con las personas que sufren.
- El sentido de la propia vida.

- El sentido de la enfermedad y de la muerte.

Creyentes o no, estas preguntas queman nuestra vida fragmentándola en mil pedazos. Job estalla porque busca respuestas que pareciera se escapan al entendimiento humano.

El autor

Respecto a la autoría del libro no tenemos más información que las pocas obras que nos hablan de él. Los comentarios de la Biblia de Jerusalén afirman:

"No conocemos al autor de Job más que por la obra maestra que ha compuesto. Se ve en ella que ciertamente era un israelita nutrido en las obras de los profetas y en las enseñanzas de los sabios. Vivía muy probablemente en Palestina, pero debió de viajar o residir en el extranjero, especialmente en Egipto" (Editorial Desclée de Brouwer, 2009).

Es importante saber que el libro no tiene un solo autor, porque no se escribió de corrido sino a lo largo de varios siglos.

Por desolador que parezca la ausencia de datos, tomará sentido cuando comprendamos que fue escrito para nuestra época y para cada uno de nosotros.

Composición del libro

Tampoco hay acuerdo para establecer una fecha de la composición del libro de Job el cual representa una tradición literaria de muchos siglos.

Probablemente el libro haya sido escrito unos cinco siglos antes de Cristo, posterior al destierro de Babilonia, tomando como base un antiguo relato que narraba los terribles padecimientos de un hombre justo, cuya fidelidad a Dios en medio de la prueba le mereció una extraordinaria recompensa.

Contenido del libro

Entre muchos escenarios posibles, los especialistas coinciden en dividir la temática del libro en cuatro grandes apartados, los cuales nos dan un punto de referencia para descubrir los autores y las épocas en que el libro fue escrito.

1. La leyenda popular está formada por el principio y el final del libro, narrada en los capítulos 1, 2 y 42 del libro, lo cuales son, por así decirlo, el relato original y la base de todo este drama. Esta primitiva narración, fue escrita unos nueve o diez siglos antes de Cristo.

El profeta Ezequiel, alrededor del año 600 antes de Cristo, conocía muy bien a Job: *"Si un país peca contra mí cometiendo alguna infidelidad, yo extenderé mi mano contra él y agotaré todas sus reservas de alimento: enviaré el hambre sobre él y extirparé por igual a hombres y animales. Pero si se encuentran en ese país estos tres hombres: Noé, Daniel y Job, ellos salvarán su vida a causa de su justicia"* (Ezequiel 14, 13-14).

Pero si el libro de Job se redujera solamente a la narración original, es decir que, si al final del capítulo 2 nos saltáramos al 42, tal vez no nos hubiéramos identificado tanto con la historia, no sentiríamos a Job tan nuestro, ni hubiéramos encontrado en el libro el retrato de nuestra vida.

Si solo se hubiera conservado la historia primitiva, nos hubiera parecido un relato irreal por no mostrar la fragilidad humana a la que todos estamos expuestos, principalmente cuando más sufrimos.

2. Los diálogos poéticos fueron compuestos por un mismo autor en la segunda mitad del siglo quinto antes de Cristo. Dichos diálogos son:

- el primer monólogo de Job, narrado en el capítulo 3;
- los diálogos de los capítulos 4 al 27;
- el segundo monólogo de Job en los capítulos 29 al 31
- y la manifestación de Dios desarrollada desde el capítulo 38, 1 hasta el capítulo 42,6.

3. Los Discursos de Elihú los encontramos en los capítulos 32 al 37. Fueron compuestos a mediados del siglo quinto.

4. El Poema de la Sabiduría se encuentra en el capítulo 28. Se compuso en los siglos cuarto o tercero antes de Cristo. Este discurso relativiza con audacia todo el saber y las palabras del hombre, pues éste no conoce el camino de la Sabiduría, ya que la Sabiduría de Dios no se encuentra en la tierra de los vivientes. (Cfr. Job el libro y su mensaje. Págs. 5 y 6)

Algunos autores afirman: *"El libro de Job es un drama con muy poca acción y mucha pasión. Es la pasión que un autor genial, anticonformista, ha infundido en su protagonista. Disconforme con la doctrina tradicional de la retribución, ha opuesto a un principio un hecho, a una idea un hombre"* (L.A. Schökel y José Luz Ojeda, Job, Pág. 11).

Sin embargo, la acción no es sólo aquello que sucede en el exterior de las personas, como quien contempla la escena de una película. Nuestro propio corazón es un torbellino, la mente es un volcán, y en el interior de cada persona suceden cosas inimaginables. El libro de Job sabe cristalizar muy bien todo lo que sucede en nuestro interior.

Este es el libro de los más pobres de la humanidad. De aquellos que sufren injustamente toda clase de calamidades. Es el libro de los enfermos, de las víctimas inocentes de la guerra. Es el libro de los exiliados, de los emigrantes, de los traicionados y abandonados.

Afirma el Cardenal Martini: *"Todos sufrimos a causa de errores, sean nuestros o ajenos; sin embargo, hay una gran mayoría de personas que sufren más de lo que merecen, que sufren más de cuanto hayan podido pecar. Me refiero a la gente miserable, sufriente y oprimida que constituye tal vez tres cuartas partes de la humanidad.*

Esta inmensa muchedumbre obliga a preguntarse: ¿por qué? ¿qué sentido tiene? ¿es posible incluso hablar de un sentido?

Afrontar un interrogante tan dramático es propio de un libro que trasciende los esquemas ordinarios de la vida, como es el libro de Job" (La Fuerza en la debilidad, página 18).

2

EL PERSONAJE

"Entonces Job se levantó
y rasgó su manto;
se rapó la cabeza,
se postró con el rostro en tierra
y exclamó:
"Desnudo salí del vientre de mi madre,
y desnudo volveré allí.
El Señor me lo dio y el Señor me lo quitó:
¡bendito sea el nombre del Señor!".
En todo esto, Job no pecó
ni dijo nada indigno contra Dios"
(Job 1, 20-2)

Hemos visto de qué trata el libro de Job, ahora hablemos del personaje principal de este drama.

Job fue un antiguo patriarca originario de la tierra de Us, es decir de Edom, al sur de Judea y del mar muerto; por lo tanto, no pertenecía ni a la raza ni a la religión de Israel.

La referencia más antigua que de él encontramos en la Biblia está en el libro del Profeta Ezequiel capítulos 14 y 20, donde su nombre aparece junto a los de Noé y Daniel, quienes tampoco pertenecen al pueblo de Israel.

Al no ser judío, la Biblia no presenta a Job vinculado con la tradición religiosa hebrea. No aparecen en el libro vocablos típicos como son la alianza, la ley, el templo, Jerusalén, etc. Así que, al estar su tierra situada en un país lejano a Israel, y al no ligarlo con la religión judía, ya la Biblia nos va enseñando que lo que Job vive nos afecta a todos, implica a las personas de cualquier lugar, de cualquier religión, en cualquier situación adversa.

La biblia lo presenta de la siguiente manera:

"Había en el país de Us un hombre llamado Job. Este hombre era íntegro y recto, temeroso de Dios y alejado del mal. Le habían nacido siete hijos y tres hijas, y poseía una hacienda de siete mil ovejas, y tres mil camellos, quinientas yuntas de bueyes y quinientas asnas, además de una servidumbre muy numerosa. Este hombre era el más rico entre todos los Orientales" (Job 1, 1-3).

Los comentarios de la Biblia de Jerusalén nos cuentan la historia así:

"Érase una vez un siervo de Yahvé, llamado Job, que vivía rico y feliz. Dios permitió a Satán que lo probara para ver si seguía siendo fiel a pesar de su infortunio. Herido primero en sus bienes y sus hijos, Job acepta que Yahvé se tome lo que le había dado. Herido en su carne con una enfermedad repugnante y dolorosa, Job sigue sumiso y rechaza a su mujer, que le aconseja maldecir a Dios".

Pero Job no es un hombre cualquiera, Dios lo llama *"Mi siervo Job"*. Esto nos da la pauta para afirmar su amistad y cercanía con el Creador. Posee una rectitud moral a toda prueba. Pleno en bienes y en familia. Preocupado del honor de Dios.

Si intentáramos sacar un retrato de Job, según los datos que nos da el libro, podríamos dibujar sus rasgos así:

- Job es el hombre justo por excelencia. Es sencillo, recto, temeroso de Dios, y se apartaba del mal (1, 1).
- Cuida de su familia y después de los convites en que participan sus hijos e hijas, los reúne y los santifica y ofrece holocaustos a Dios en reparación de sus pecados (1, 5).
- Es caritativo, especialmente con los huérfanos y las viudas (29, 12-15).

- Es un padre para los pobres (29, 16) y terror para los malvados. (29, 14).
- Dios se complacía en derramar sus bendiciones temporales sobre Job. Poseía una gran familia y abundantes bienes materiales. También gozaba de una posición destacada y de gran prestigio entre sus conciudadanos.
- Cuando salía a las puertas de la ciudad, le preparaban asiento en la plaza; al verlo, los jóvenes se retiraban y los ancianos se levantaban (29, 7-8). Ni una palabra se atrevían a añadir a las suyas (29, 22).
- Job se veía colmado, pues, no sólo de riquezas, sino también de honores, y su buena fortuna parecía ser el reconocimiento de su virtud por parte de Dios.

Historicidad de Job

Mucho se ha discutido acerca de si Job es o no un personaje real. Uno de mis escritores y biblistas favoritos, el Cardenal Carlo María Martini, afirma:

"Job no es un personaje real, sino una especie de modelo de laboratorio. Es símbolo del hombre justo y, consiguientemente, bendecido por Dios, que

no posee motivo alguno para atraer el mal sobre sí: ni por causa suya ni por causa de sus hijos, ya que suele incluso realizar un sacrificio cada vez que ellos celebraban un banquete, para borrar así las posibles culpas cometidas.

No es un personaje real, porque todos y cada uno de nosotros tenemos culpas de las que lamentarnos si tenemos que soportar las desagradables consecuencias que de ellas se derivan. Se trata, por lo tanto, de una figura abstracta creada deliberadamente para que pueda verse en ella un modo de conocer a Dios" (La fuerza de la debilidad, página 14).

El talmud babilónico, documento fundacional del judaísmo, también avala esta teoría afirmando: *"Job ni existió ni fue creado, ni pasa de ser una parábola".*

Algunos estudiosos de la Biblia afirman que es un personaje de ficción porque no se habla de su genealogía para verificar su historicidad, algo acostumbrado en los personajes bíblicos.

Hay que recordar que Job no era judío sino árabe. Mencionar la genealogía era una costumbre judía. Pero Job no era judío sino árabe: *"Este hombre era el más rico entre todos los orientales"* (Job 1, 4).

Pero también hay muchos que defienden su existencia, sobre todo, basándose en otros textos de la Biblia que lo mencionan:

- **Ezequiel 14, 12-14:** *"La palabra del Señor me llegó en estos términos: Hijo de hombre, si un país peca contra mí cometiendo alguna infidelidad, yo extenderé mi mano contra él y agotaré todas sus reservas de alimento: enviaré el hambre sobre él y extirparé por igual a hombres y animales. Pero si se encuentran en ese país estos tres hombres: Noé, Daniel y Job, ellos salvarán su vida a causa de su justicia –oráculo del Señor–".*

- **Santiago 5, 11:** *"Nosotros llamamos felices a los que sufrieron con paciencia. Ustedes oyeron hablar de la paciencia de Job, y saben lo que hizo el Señor con él, porque el Señor es compasivo y misericordioso".*

Mi humilde consideración es una postura intermedia. Es decir, que muy probablemente Job existió, aunque no de forma literal como nos lo presenta la Biblia.

Tal vez la realidad sea la de un hombre justo, que padeció muchos sufrimientos y que en todos ellos se mantuvo fiel a Dios. Su historia y su vida habrían inspirado al Job que hoy conocemos. Como cuando vemos una película basada en hechos reales, aunque dramatizados para llamar mejor la atención. Pienso que en Job hay una vida real que ha inspirado a la humanidad a lo largo de miles de años.

Los comentarios a la Biblia de Jerusalén la resumen así: *"Job, es un héroe de los viejos tiempos, Ez, 14, 20, que se supone vivió en la época patriarcal, en los confines de Arabia y del país de Edom, en una región cuyos sabios eran célebres, (Jeremías 49, 7; Baruc 3, 22-23; Abdías 8), y de donde también proceden sus tres amigos.*

La tradición le consideraba como un gran justo, cf. Ez 14, que se había mantenido fiel a Dios en una prueba excepcional. El autor se ha servido de esta vieja historia para encuadrar su libro" (Biblia de Jerusalén p. 606, Introducción a Job).

Y el Papa San Gregorio Magno, en el hermoso comentario espiritual que hizo sobre el libro de Job, no titubea en proclamar la santidad de este hombre: *"No es sin razón que la vida de un pagano justo se nos ofrece como modelo. Nuestro Salvador, que venía para redimir a judíos y gentiles, quiso que su llegada fuese anunciada por judíos y gentiles".*

No es dogma de fe creer en su existencia, pero me parece que, si alguien se nos propone como modelo de paciencia, de perseverancia en el sufrimiento, de fidelidad a Dios, de justicia y rectitud, debe por lo menos ser real, aunque fuera en algunos aspectos. La investigación y la discusión siguen abiertas.

El inicio de las pruebas

La vida de todos puede cambiar de un momento a otro, unas veces por culpa de nuestras decisiones y errores, otras por circunstancias ajenas, otras por la maldad de algunos, pero, quienes tenemos fe, no debemos olvidar que también podemos ser probados por Dios.

San Juan De la Cruz, nos dice que la noche pasiva de los sentidos, en la que entran los problemas, las depresiones, los sinsentidos de la vida y las enfermedades, es común para todos. Todo esto lo considera una purificación que nos acerca a Dios.

Nos enseña que la amistad con Dios es para todos, aunque en diferentes grados.

Pero también existe lo que él llama "la noche pasiva del espíritu". Son pruebas espirituales muy penosas, que se dan entretejidas con las pruebas de la vida. Ese tipo de pruebas no es para todos, sino para muy pocos.

Es común querer atribuir a Dios todo lo que nos pasa, y culparlo de todas nuestras desdichas. Sus pruebas son especialmente para quienes de verdad desean ser sus amigos y están dispuestos a verse zarandeados por la adversidad.

Dice el libro del Eclesiástico 2, 1-6: *"Hijo, si te decides a servir al Señor, prepara tu alma para la prueba. Endereza tu corazón, sé firme, y no te inquietes en el momento de la desgracia. Únete al Señor y no te separes, para que al final de tus días seas enaltecido. Acepta de buen grado todo lo que te suceda, y sé paciente en las vicisitudes de tu humillación. Porque el oro se purifica en el fuego, y los que agradan a Dios, en el crisol de la humillación. Confía en él, y él vendrá en tu ayuda, endereza tus caminos y espera en él".*

Fuera de nuestro alcance y de nuestro conocimiento suceden infinidad de situaciones y circunstancias en las que nos vemos involucrados sin saber por qué, y de las que deberemos afrontar las consecuencias.

Sin que Job lo sepa, las sospechas de Satanás provocarán un gran drama en su vida. Pondrán a prueba la gratuidad de su fe, la integridad de su vida, el valor de la familia, la sinceridad de los amigos, todo será muy diferente a partir de ahora.

Satanás estará siempre dispuesto a meter la intriga y la sospecha entre los amigos de Dios. Lo sorprendente es que Dios lo sabe y lo permite, pareciera que no quiere hacer nada por impedirlo. *"Simón, Simón, mira que Satanás ha pedido poder para zarandearlos como el trigo, pero yo he rogado por ti, para que no te falte la fe"* (Lucas 22, 31-32).

Jesús no le dice a Simón que lo va a librar de la zarandeada de Satanás, sino que rogará por él para que al llegar la prueba no le falte la fe.

Así que Job es probado en su familia y en sus bienes: *"El día en que sus hijos e hijas estaban comiendo y bebiendo en la casa del hermano mayor, llegó un mensajero y dijo a Job: "Los bueyes estaban arando y las asnas pastaban cerca de ellos, cuando de pronto irrumpieron los sabeos y se los llevaron, pasando a los servidores al filo de la espada. Yo solo pude escapar para traerte la noticia".*

Todavía estaba hablando, cuando llegó otro y le dijo: "Cayó del cielo fuego de Dios, e hizo arder a las ovejas y a los servidores hasta consumirlos. Yo solo pude escapar para traerte la noticia".

Todavía estaba hablando, cuando llegó otro y le dijo: "Los caldeos, divididos en tres grupos, se lanzaron sobre los camellos y se los llevaron, pasando a los servidores al filo de la espada. Yo solo pude escapar para traerte la noticia".

Todavía estaba hablando, cuando llegó otro y le dijo: "Tus hijos y tus hijas comían y bebían en la casa de su hermano mayor, y de pronto sopló un fuerte viento del lado del desierto, que sacudió los cuatro ángulos de la casa. Esta se desplomó sobre los jóvenes, y ellos murieron. Yo solo pude escapar para traerte la noticia" (Job 1, 13-19).

Y, por si fuera poco, después de perder a sus hijos y a sus hijas, y después de perder sus abundantes bienes, Job también pierde la salud.

"El Adversario se alejó de la presencia del Señor, e hirió a Job con una úlcera maligna, desde la planta de los pies hasta la cabeza. Job tomó entonces un pedazo de teja para rascarse, y permaneció sentado en medio de la ceniza" (Job 2, 7-8).

Para complicar las cosas, surgieron, en medio de tanta desgracia y desolación, los **problemas matrimoniales**.

"Su mujer le dijo: "¿Todavía vas a mantenerte firme en tu integridad? Maldice a Dios y muere de una vez". Pero él le respondió: "Hablas como una mujer insensata. Si aceptamos de Dios lo bueno, ¿no aceptaremos también lo malo?". En todo esto, Job no pecó con sus labios" (Job 2, 9-10).

La promesa matrimonial de estar unidos en los momentos buenos y malos, en la salud y en la enfermedad, queda fracturada en mil pedazos cuando la adversidad se hace presente. Y en Job no es la excepción.

Es evidente la diferencia de criterios con su esposa y la discusión que esto conlleva.

Examen de conciencia

Cuando alguien sufre, busca con insistencia las causas de su dolor. Surgen innumerables preguntas, se cuestiona a Dios y se indaga en la propia conciencia, a ver si algún fallo personal pudiera ser la causa de la adversidad vivida. Examinar la propia conciencia es una práctica ejercida en todas las religiones, en la humanidad misma.

El Cardenal Martini cita en su libro sobre Job un formulario tomado del libro de los muertos egipcio:

- No cometí iniquidad contra los hombres.
- No maltraté a la gente.
- No blasfemé contra Dios.
- No empobrecí a un pobre en sus bienes.
- No fui causa de aflicción.
- No hice padecer hambre.
- No maté.
- No robé el pan de los bienaventurados.
- No cometí actos impuros.
- No robé con los pesos y medidas".

El muerto gritaba estas invocaciones rituales sentado en la barca que lo llevaría a la otra orilla del gran río. Si era verdad cruzaba, si no, era quemado y aniquilado.

Job también hace su examen de conciencia. Lo tomo inspirado en el capítulo 31:

- No caminé al lado de la mentira. Mis pies no corrieron hacia el engaño (v 5)
- Mi paso no se desvió del camino. Mi corazón no fue detrás de lo que veían mis ojos (v 7).
- Ninguna mancha se adhirió a mis manos (v 7).
- No me dejé seducir por alguna mujer ni aceché a la puerta de mi vecino (v9)
- No desestimé el derecho de mi esclavo o el de mi servidora, cuando litigaban conmigo (v 13).
- No rehusé a los pobres lo que ellos deseaban y ni dejé desfallecer los ojos de la viuda (v 16).
- No comí yo solo mi pedazo de pan, sin que el huérfano lo compartiera (v 17).
- No vi a un miserable sin ropa o a un indigente sin nada para cubrirse, y me bendijeron en lo íntimo de su ser por haberse calentado con el vellón de mis corderos (v 20).

- No alcé mi mano contra un huérfano, porque yo contaba con una ayuda en la puerta (v 21).
- No deposité mi confianza en el oro, ni dije al oro fino: "tú eres mi seguridad" (v 24).
- No me alegré de tener muchas riquezas, ni de haber adquirido una enorme fortuna (v 25).
- No dejé seducir en secreto mi corazón a la vista del sol resplandeciente y de la luna que pasaba radiante, ni les envié besos con la mano: (vv 26-27).
- No me alegré del infortunio de mi enemigo y ni me regocijé cuando le tocó una desgracia, ni dejé que mi boca pecara, pidiendo su muerte con una imprecación (vv 29-30).
- Ningún extranjero pasaba la noche afuera, y yo abría mi puerta al caminante (v 32).
- No oculté mis transgresiones como un hombre cualquiera, escondiendo mi culpa en mi pecho (v 33).
- Mi tierra no gritó venganza contra mí, ni sus surcos derramaron lágrimas (v 38).
- No comí sus frutos sin pagar y extorsioné a sus propietarios (v 39).

Es consciente de su inocencia y eso hace más profundo su dolor. Él sabe que no ha hecho nada para pagar con tanto sufrimiento y en el libro buscará en el Todopoderoso una respuesta a su aflicción: *"¡Ah, si alguien quisiera escucharme! Aquí está mi firma: ¡que el Todopoderoso me responda!"* (Job 31, 35).

Job no solamente ha evitado hacer el mal. Se ha dedicado a hacer el bien. Afirma: *"Yo salvaba al pobre que pedía auxilio y al huérfano privado de ayuda. El desesperado me hacía llegar su bendición, y yo alegraba el corazón de la viuda.*

Me había revestido de justicia, y ella me cubría, mi rectitud era como un manto y un turbante. Yo era ojos para el ciego y pies para el lisiado, era un padre para los indigentes y examinaba a fondo el caso del desconocido. Rompía las mandíbulas del injusto y le hacía soltar la presa de sus dientes.

Entonces pensaba: "Moriré en mi nido, multiplicaré mis días como el ave fénix. Mi raíz se extenderá hacia el agua y el rocío se posará en mi ramaje. Mi gloria será siempre nueva en mí y el arco rejuvenecerá en mi mano".

Pero ahora se ríe de mí hasta la gente más joven que yo, a cuyos padres yo no consideraba dignos de juntarlos con los perros de mis rebaños. Ellos me hacen burla con sus cantos, soy el tema de sus dichos jocosos. Abominan y se alejan de mí, no les importa escupirme en la cara. Porque Dios aflojó mi cuerda y me humilló, ellos también pierden el freno ante mí" (Job 29, 12-20. 30.1. 9-11).

Qué cambio tan dramático en la exposición de Job. El libro dejó de presentarlo como modelo de resignación y de sufrimiento aceptado con paciencia, para presentarlo como un hombre que se rebela contra la adversidad y busca razones de su dolor.

Es un Job muy distinto al que conocíamos, del que estábamos acostumbrados a hablar. Del paciente Job, tal vez la paciencia no sea su cualidad más sobresaliente.

"Cada uno de los creyentes puede reconocer en Job a un compañero de camino que se atreve a decir en voz alta lo que todo el mundo siente confusamente a la hora de la prueba" (Philippe Gruson, Job, el libro y su mensaje, página 4).

Ver la suerte de Job cambiar de la noche a la mañana, ver los infortunios que le llegan en cascada, identificarnos con todo ello, tal vez sea una de las claves por la que este libro es tan atractivo para nosotros.

Aparte están *"las manipulaciones de Satanás, las discusiones del héroe con sus amigos tradicionalistas, sus estallidos de indignación por los males del mundo, los ocasionales destellos de esperanza, la aparición de Dios en todo su misterio y su majestad, la reconciliación final del sufrimiento con Dios, el mundo y el hombre, tales imágenes han conmovido, provocado e indignado a los lectores. No podían no identificarse con Job. Job es el hombre; lo ha sido siempre"* (La hora de Job, Pág. 8).

Job Defiende su inocencia

En el Antiguo Testamento está muy presente la idea de la retribución terrena, es decir, que desde esta vida a los buenos les va bien y a los malos mal. Sin embargo, Job se rebela contra esta doctrina. Tiene el deseo de encontrar en Dios una respuesta a sus desgracias, porque sin hacer nada malo, le han llegado calamidades sin fin.

"¿Acaso no tendí mi mano al pobre cuando en su desgracia me pedía auxilio? ¿No lloré con el que vivía duramente y mi corazón no se afligió por el pobre? Yo esperaba lo bueno y llegó lo malo, aguardaba la luz y llegó la oscuridad.

Me hierven las entrañas incesantemente, me han sobrevenido días de aflicción. Ando ensombrecido y sin consuelo, me alzo en la asamblea y pido auxilio.

Me he convertido en hermano de los chacales y en compañero de los avestruces. Mi piel ennegrecida se me cae, mis huesos arden por la fiebre. Mi cítara sólo sirve para el duelo y mi flauta para acompañar a los que lloran" (Job 30, 24-31).

Busca respuesta de Dios

Job lucha desesperadamente para encontrar a Dios, que se le oculta y a quien sigue creyendo bueno. Se empieza a vislumbrar *"la lección religiosa del libro: el hombre debe persistir en la fe incluso cuando su espíritu no encuentra sosiego"* (Biblia de Jerusalén).

Tertuliano, en su Tratado sobre la paciencia, dice: *"Bienaventurado es el hombre que agota toda forma de paciencia contra los asaltos del demonio".*

Y añade: "Acepta imperturbable los infortunios que puedan tocarte y soporta las contrariedades sin enojos sabiendo que Dios ha de recompensarte, como fueron recompensados Job y Lázaro" (VII, 8, 7).

El Papa San Gregorio, en el prefacio de su Moralia sobre Job, lo colocó entre los santos gentiles, digno de ser imitado por esa cualidad:

"Abel vino para mostrar la inocencia, Henoc para darnos una lección de integridad moral, Noé para enseñar la perseverancia en la esperanza; Job para dar muestra de paciencia en medio de las tribulaciones".

El sufrimiento extremo de Job hace que su grito brote desde lo hondo de su ser. Él defenderá su inocencia ante sus amigos, que, de distintas maneras, y de forma insistente, repiten hasta el cansancio la doctrina tradicional de la retribución. *"De ahí que se trate de un drama universal que cubre toda la gama de las situaciones humanas libres, sobre todo de aquellas en las que un sufrimiento inocente pone a prueba al hombre y le hace expresar lo más auténtico de sí mismo"* (Martini, Pág. 15).

Job será un hombre que luche sin tregua contra Dios y contra aquellos que se proponen ser defensores de Dios, pero que se convierten en defensores de Satanás, el acusador. Su dolor y sufrimiento lo expresa con palabras desgarradoras.

Anselm Grün en su libro "Luchar y Amar" dedica un capítulo a Job y lo llama el sufriente. Tomando en contexto la segunda guerra mundial, hace ver el horror que muchas personas sufrieron por culpa de las injustas decisiones de otros. Enseña que el sufrimiento resulta difícil de asimilar y más cuando hay inocentes de por medio.

"Job significa «el perseguido». Se siente como el hombre al que todos los demás persiguen. No puede siquiera experimentar a Dios como su amigo y protector, sino como el incomprensible, que le sumerge en la desgracia. Job puede traducirse también por: «¿Quién es el padre?». El que sufre tanto como Job se siente huérfano de padre"

Job apelará su inocencia y su justicia, pero al final del libro él mismo descubrirá que sí tiene culpas, aunque no aquellas que le imputan sus amigos, sino la culpa de pretender llamar a juicio a Dios, queriendo valer sus derechos ante Él.

Ante Dios nadie tiene derechos, nadie puede apelar inocencia ante su presencia. Sería muy provechoso para nosotros pedir en la oración al Señor: *"Que me conozca Señor, como tú me conoces"*.

Porque cuando uno se ve desde los ojos de Dios, puede comprender el amor inmenso e incondicional que Dios nos tiene y, al mismo tiempo, la debilidad y el pecado que ante el que caen nuestras acciones, cuando no van de acuerdo con su santa voluntad.

3

EL ADVERSARIO

*"El día en que los hijos de Dios
fueron a presentarse delante del Señor,
también fue el Adversario
en medio de ellos,
para presentarse delante del Señor"*
(Job 2, 1)

No podemos olvidar que todo este drama inició con las sospechas que Satanás introduce en la corte de Dios. *"Satán, el acusador, un personaje misterioso que aparece en la corte de Dios como aquel que subraya negativamente las acciones de los hombres. Satán pide que se le permita tentar a Job"* (Cardenal Martini, Pág. 10).

Después de que el Adversario se coló en la corte de Dios: *"El Señor le dijo: "¿De dónde vienes?". El Adversario respondió al Señor: "De rondar por la tierra, yendo de aquí para allá". Entonces el Señor le dijo: "¿Te has fijado en mi servidor Job? No hay nadie como él sobre la tierra: es un hombre íntegro y recto, temeroso de Dios y alejado del mal".*

Pero el Adversario le respondió: "¡No por nada teme Job al Señor! ¿Acaso tú no has puesto un cerco protector alrededor de él, de su casa y de todo lo que posee? Tú has bendecido la obra de sus manos y su hacienda se ha esparcido por todo el país. Pero extiende tu mano y tócalo en lo que posee: ¡seguro que te maldecirá en la cara!" (Job 1, 6-12).

Satanás es irreverente. Siembra la intriga y la sospecha ante Dios mismo. En primer lugar, cuestiona la gratuidad de la fe: *"No por nada teme Job al Señor"*. Todo esto provoca una serie de pruebas que cambian radicalmente la vida de Job.

La segunda sospecha es más radical todavía. Afirma que la fidelidad de Job oculta móviles interesados, ya que es un mero instinto de conservación *"Por la vida da un hombre todo lo que tiene"* (Job 2, 4). Y entonces es cuando Satán hiere a Job en su carne.

Satán ataca primero a lo que es de Job (1, 11), a sus animales, a sus criados, a sus hijos, para atacar finalmente a "su carne y a sus huesos" (Job 2, 5). (Cf. Job, el libro y su mensaje Pág. 7).

"Satanás no niega que Job sea un hombre bueno y piadoso. Lo que cuestiona es el desinterés, la gratuidad de su religiosidad. No objeta sus obras, sino su motivación: el comportamiento de Job no es «por nada».

Para el satán la actitud religiosa no se explica sin la expectativa de la recompensa, ... ésa es también la posición de los amigos de Job" (Hablar de Dios desde el sufrimiento del inocente, página 34).

El Satán

Puede sorprendernos que Satanás pueda estar tan cerca de la presencia de Dios. Hay un texto misterioso en el libro del Profeta Zacarías:

"Luego me hizo ver al Sumo Sacerdote Josué, de pie ante el ángel del Señor, mientras el Adversario estaba a su derecha para acusarlo" El ángel del Señor dijo al Adversario: *"¡Que el Señor te reprima, Adversario! ¡Sí, que te reprima el Señor, el que eligió a Jerusalén! ¿No es este acaso un tizón salvado del fuego?"* (Zacarías 3, 1-2).

Este texto fue escrito en el año 520 al 518 antes de Cristo. En él aparece también el Adversario en la corte de Dios.

Como un dato importante, solamente en Job y en este texto aparece con artículo el nombre de Satán con artículo: "El Satán", el cual tiene un significado: "el que ataca".

Nos aclara saber que en el tiempo que el libro de Job fue escrito, no había una idea clara del Satanás personificado que hoy conocemos ni de su poder maligno. No será sino hasta el siglo IV a.C. que Satán aparece como nombre propio de un ser demoniaco: *"Satán se alzó contra Israel e instigó a David a hacer un censo de Israel"* (1 Crónicas 21, 1).

Satán en la corte de Dios

Hemos visto dos ocasiones importantes en que el Adversario se encuentra en la corte de Dios, ante la presencia misma del Señor. Pero existen otras citas bíblicas que nos hablan de esta presencia misteriosa, como si Satanás interactuara con Dios mismo.

Por ejemplo, y para sorpresa nuestra, pareciera que es Dios mismo quien envía espíritus malignos.

Jueces 9, 23: *"Dios envió un espíritu de discordia entre Abimélec y los señores de Siquém, y estos traicionaron a Abimélec".*

1 Samuel 16, 14: *"El espíritu del Señor se había retirado de Saúl, y lo atormentaba un mal espíritu, enviado por el Señor".*

1 Reyes 22, 19-23: *"Miqueas siguió diciendo: "Por eso, escucha la palabra del Señor: Yo vi al Señor sentado en su trono, y todo el ejército de los cielos estaba de pie junto a él, a derecha e izquierda. El Señor preguntó: '¿Quién seducirá a Ajab, para que suba y caiga en Ramot de Galaad?'. Ellos respondieron, uno de una manera y otro de otra.*

Entonces se adelantó el espíritu y, puesto de pie delante del Señor, dijo: 'Yo lo seduciré'. '¿Cómo?', preguntó el Señor. Él respondió: 'Iré y seré un espíritu de mentira en la boca de todos sus profetas'. Entonces el Señor le dijo: 'Tú lograrás seducirlo. Ve y obra así'. Ahora, el Señor ha puesto un espíritu de mentira en la boca de todos estos profetas, porque él ha decretado tu ruina"

Tres citas bíblicas donde se manifiestan el espíritu de discordia, el mal espíritu atormentador y el espíritu de la mentira. Todos ellos interactuando con el Señor Dios.

A los creyentes de nuestro tiempo, esto no debe espantarnos. En realidad, estamos en el comienzo de la evolución bíblica acerca de la idea que hoy tenemos de Satanás.

"Con el Satán del prólogo de Job estamos todavía al comienzo de esta evolución. «Rondando» y «circulando» por la tierra, el «Satán» no hace más que buscar el mal de los hombres, pero sin declararse abiertamente todavía como enemigo de Dios, de todas formas, sigue estando obligado a comparecer ante él (1, 6, 2, 1).

Por tanto, su posición es aún muy ambigua. Dotado de un poder muy amplio de investigación, no está sin embargo verdaderamente emancipado. Dudando del hombre, le gustaría que Dios compartiera sus dudas" (Job, el libro y su mensaje, P. 8)

Hoy sabemos que Dios no puede pactar con el mal. Satanás está abiertamente alejado de Dios, no puede hacerle daño ni meterle la duda ni la intriga. Por eso busca hacerles daño a sus hijos, a los más predilectos, a los inocentes. Así lo intenta hacer con Job.

"El día en que los hijos de Dios fueron a presentarse delante del Señor, también fue el Adversario en medio de ellos, para presentarse delante del Señor.

El Señor le dijo: "¿De dónde vienes?". El Adversario respondió al Señor: "De rondar por la tierra, yendo de aquí para allá".

Entonces el Señor le dijo: "¿Te has fijado en mi servidor Job? No hay nadie como él sobre la tierra: es un hombre íntegro y recto, temeroso de Dios y alejado del mal. Él todavía se mantiene firme en su integridad, y en vano me has instigado contra él para perderlo".

El Adversario respondió al Señor: "¡Piel por piel! Un hombre da todo lo que tiene a cambio de su vida. Pero extiende tu mano contra él y tócalo en sus huesos y en su carne: ¡seguro que te maldecirá en la cara!".

El Señor respondió al Adversario: "Está bien. Ahí lo tienes en tu poder, pero respétale la vida" (Job 2, 1-6).

Nos debe consolar que Satanás no tiene poder para actuar por sí mismo. Necesita que Dios se lo permita. Sus acciones no escapan del control ni del poder de Dios quien intervendrá en el momento oportuno para rescatar a sus siervos puestos a prueba.

"Así pues, es la mano de Yavé la que circunscribe el campo de acción de Satán; en otras palabras, la prueba de Job forma parte de un plan de Dios" (Job, el libro y su mensaje, página 9).

De todas maneras, a las personas nos puede intrigar la apuesta de Satanás. ¿Amaba Job de corazón a Dios? o era sólo por los privilegios tan grandes que tenía. ¿Su religiosidad era desinteresada? o era fruto del interés por seguir conservando su vida y sus bienes.

"Por eso era necesario que la rectitud de Job fuese puesta a prueba, y el tema esencial del libro es esta prueba impuesta a su rectitud. Para descubrir si Job amaba a Dios por Sí mismo o por lo que había recibido de Él, es necesario que sea privado de los beneficios, y esto es lo que Dios le permite hacer a Satanás" (Jean Danielou. Job el Misterio del hombre y de Dios, página 48).

El destino de los amigos de Dios no puede ser diferente. La apuesta también está echada sobre cada uno de ellos. El servicio desinteresado y la fe verdadera deberán ser puestos a prueba para validar su autenticidad y su valor.

No es una advertencia nueva. La Biblia y los grandes libros de espiritualidad nos han advertido de eso. Ahora Job nos recuerda que Satanás hará una apuesta sobre nosotros, y tal vez Dios la acepte.

4

LOS AMIGOS DE JOB

"Tres amigos de Job se enteraron de todos los males que le habían sobrevenido, y llegaron cada uno de su país. Eran Elifaz de Temán, Bildad de Súaj y Sofar de Naamá, los cuales se pusieron de acuerdo para ir a expresarle sus condolencias y consolarlo.

Al divisarlo de lejos, no lo reconocieron. Entonces se pusieron a llorar a gritos, rasgaron sus mantos y arrojaron polvo sobre sus cabezas.

Después permanecieron sentados en el suelo junto a él, siete días y siete noches, sin decir una sola palabra, porque veían que su dolor era muy grande" (Job 2, 11-13).

El peligro de la reflexión

El dolor de Job era muy grande, y ante eso, sus amigos deciden callar. Pareciera esto una actitud muy noble de su parte. Ante el sufrimiento, el silencio es más elocuente que las palabras. El silencio tiene un valor muy grande en nuestra vida. Nos ayuda a reflexionar, nos permite encontrarnos con

Dios y con nosotros mismos. Nos permite orar. Nos enfrenta a la realidad de nuestros problemas. Pero también nos pone ante el peligro del desconcierto con miles de preguntas sin respuesta.

Cuando el silencio no sabe encausarse, entonces las personas empezamos a sentir miedo de nuestra realidad. Para muchos la soledad es insoportable. La reflexión en silencio conlleva el peligro de preguntarnos infinitos porqués y llenarnos de rabia ante la situación que vivimos.

Podemos entenderlo con un ejemplo. Alguien sufre la desgracia de un accidente, o la pérdida de un ser querido, o la adversidad económica. La primera reacción es animarse, ponerle actitud a la adversidad. Pero cuando estamos solos, ante nosotros mismos y ante nuestra nueva realidad, estallamos y queremos gritar con fuerza nuestro dolor.

Job no es la excepción. Después de haber dicho varias veces: *"El Señor me lo dio y el Señor me lo quitó: ¡bendito sea el nombre del Señor!"* (Job 1, 21).

Ahora permanece siete días en silencio. Así podrá reflexionar sobre su nueva situación.

Hay algo peor. Tiene delante a sus amigos que más que un consuelo, su presencia pareciera sal en la herida, por lo que Job no aguanta más: *"Después de esto, Job rompió el silencio y maldijo el día de su nacimiento. Tomó la palabra y exclamó: ¡Desaparezca el día en que nací y la noche que dijo: "Ha sido engendrado un varón"! ¡Que aquel día se convierta en tinieblas! Que Dios se despreocupe de él desde lo alto y no brille sobre él ni un rayo de luz.*

Que lo reclamen para sí las tinieblas y las sombras, que un nubarrón se cierna sobre él y lo aterrorice un eclipse de sol. ¡Sí, que una densa oscuridad se apodere de él y no se lo añada a los días del año ni se lo incluya en el cómputo de los meses! ¡Que aquella noche sea estéril y no entre en ella ningún grito de alegría! Que la maldigan los que maldicen los días, los expertos en excitar a Leviatán. Que se oscurezcan las estrellas de su aurora; que espere en vano la luz y no vea los destellos del alba" (Job 3, 1-9).

Sorprende la reacción de Job. Durante los dos primeros capítulos había mostrado una docilidad inusual pero ahora, después del prolongado silencio, estalla para desahogar su dolor.

Apenas ha empezado la prueba para Job. La adversidad no consiste tanto en haber sido privado de sus bienes, de sus seres queridos, de su salud y de su honor, la adversidad inicia cuando tiene que vivir con su nueva realidad a cuestas, encarnarla en el día a día. Al parecer, toda seguridad humana ha desaparecido.

Nuestros problemas se agudizan cuando les damos vueltas en la cabeza y no nos dejan en paz. Sentimos que no podemos hablarlos con nadie. Recreamos fantasías en nuestro interior y los fantasmas del terror se agigantan. No hay escapatoria. Cuando la adversidad nos envenena y nos domina mentalmente, es difícil poderla enfrentar.

El Cardenal Martini afirma: *"El primer «sí» pronunciado por Job es propio precisamente de quien reacciona instintivamente de la mejor manera; la dificultad está en perseverar toda una vida en este «sí», sometido a la presión de los sentimientos y de la batalla mental. Por consiguiente, la primera aceptación, que a menudo es una enorme gracia de Dios, no revela aún del todo la gratuidad de la persona. Es preciso que pase por la prolongada criba de la cotidianidad"* (La fuerza en la debilidad, página 17).

Job ha empezado a parecerse a nosotros. *"En el monólogo y en los diálogos de los cc 3-31 encontramos un reflejo de nuestras propias miserias y la presencia fraternal de un hombre sobre el que pesaba la mano de Dios y que se atrevió a gritar a Dios el desconcierto y la rebeldía de la humanidad doliente"* (El libro y su mensaje, Pág. 111).

Job había enfrentado innumerables calamidades y sufrimientos, ahora deberá enfrentarse a sus tres amigos los cuales creen conocer las razones de su tribulación.

En un principio, los amigos permanecieron siete días y siete noches en silencio total. *"Ninguno le dirigió la palabra, pues veían que su dolor era muy grande"* (Job 2, 13).

Habla muy bien de nosotros el que aprendamos a respetar el dolor y el sufrimiento de los demás. La mayoría de las veces las palabras sobran, se hace más valioso nuestro silencio y nuestra oración.

Sobre todo, debemos evitar la actitud de sermonear al que sufre, y de querer explicarle las razones de su dolor. Los amigos empezaron bien la visita, pero no se quedarán callados por mucho tiempo.

Cuando el silencio terminó, los tres amigos instruyen a Job sobre la causa de su sufrimiento. Le dicen palabras muy sabias y verdaderas, pero fundamentadas en la mentira de sus intenciones.

Job era un *"hombre sencillo y recto y temeroso de Dios y que se apartaba del mal"* (Job 1, 1), pero sus amigos lo presionan para que admita oscuros comportamientos y se culpe a sí mismo.

Actuando así, los amigos creen defender a Dios, al mismo que Job apela. Para ellos, si Job es inocente, entonces Dios es culpable, y esa acusación no se puede tolerar. Si Job reconoce sus graves faltas, entonces Dios tendrá razón de haberlo castigado.

Le dice Elifaz a Job: *"¿Es por tu piedad que te reprueba y entabla un juicio contigo? ¿No es más bien por tu enorme maldad y porque tus faltas no tienen límite? Tú exigías sin motivo prendas a tus hermanos y despojabas de su ropa a los desnudos. No dabas de beber al extenuado y negabas el pan al hambriento. "¡El país pertenece al de brazo fuerte; el privilegiado se instala en él!".*

Despedías a las viudas con las manos vacías y quebrabas los brazos de los huérfanos. Por eso ahora estás rodeado de lazos y te estremece un terror repentino. Se oscureció la luz, y no ves; te sumergen las aguas desbordadas" (Job 22, 4-11).

"¡Tú destruyes la piedad, y anulas la reflexión delante de Dios! Porque es tu culpa la que inspira tus palabras y eliges el lenguaje de la gente astuta. Tu misma boca te condena, no yo; tus propios labios atestiguan contra ti" (Job 15, 4-6).

Ante palabras tan duras, Job se quejará: *"Mis amigos se burlan de mí, mientras mis ojos derraman lágrimas ante Dios"* (Job 16, 20).

El dolor de Job es muy grande, pero sus amigos no lo saben entender. *"Mis hermanos se alejaron de mí y soy un extraño para mis amigos. Desaparecieron mis allegados y familiares, me olvidaron los huéspedes de mi casa. Mis servidoras me consideran un extraño, me he convertido en un intruso para ellas. Llamo a mi servidor, y no responde, aunque se lo pida por favor.*

Mi mujer siente asco de mi aliento, soy repugnante para los hijos de mis entrañas. Hasta los niños pequeños me desprecian: cuando me levanto, se burlan de mí.

Mis amigos íntimos me abominan, los que yo amaba se vuelven contra mí. Los huesos se me pegan a la piel y se me desprenden los dientes de las encías. ¡Apiádense, apiádense de mí, amigos míos, porque me ha herido la mano de Dios! ¿Por qué ustedes me persiguen como Dios y no terminan de saciarse con mi carne?" (Job 19, 13-22).

Ya podemos ir entendiendo el sentido de la visita de estos tres amigos. Más que preocupados por la suerte de Job quieren aprovechar la ocasión para defender sus doctrinas y convicciones religiosas.

Le insisten a Job que si sufre es porque ha pecado. Aunque él se crea justo y bueno, no lo es ante la presencia de Dios.

Estos tres amigos, son gente buena y honrada, pero ante el sufrimiento de Job se han dedicado a dictar enseñanzas, a defender sus teorías religiosas, a predicar verdades que no se identifican con el sufrimiento de las personas.

Han dicho cosas ciertas, pero no se identificaron con quien sufría. Sus verdades se convirtieron en mentira. No aliviaron el dolor del pobre.

El sufrimiento de Job fue sólo un pretexto para intentar quedar bien justificados ante sí mismos y ante Dios. Para ellos Job, consciente o inconscientemente es culpable de lo que le pasa, porque el pecador, aunque no quiera reconocerlo, merece ser castigado por Dios. Job responderá:

13, 1-2: *"Sí, todo esto lo vi con mis propios ojos, lo escuché con mis oídos y lo entendí. Lo que ustedes saben, lo sé yo también: no estoy por debajo de ustedes".*

13, 4-5: *"¡Ustedes lo encubren todo con sus mentiras, médicos inútiles son todos ustedes! ¡Si se callaran de una vez, darían una prueba de sabiduría!".*

13, 12: *"Las que ustedes alegan son sentencias de ceniza, sus respuestas son de barro".*

16, 4-5: *"También yo hablaría como ustedes, si ustedes estuvieran en mi lugar. Los ensordecería con palabras y les haría gestos de conmiseración. Los reconfortaría* *con mi boca y mis labios no dejarían de moverse".*

La discusión está en su punto más alto y ninguno está dispuesto a ceder terreno. Job insiste que no ha hecho nada para merecer esos sufrimientos y sus amigos endurecen su postura para defender la doctrina tradicional de la retribución.

Ellos creen estar así defendiendo a Dios mismo a quien Job está descalificando. Hasta que finalmente *"Estos tres hombres dejaron de responder a Job, porque él estaba convencido de su justicia"* (32, 1).

El cuarto amigo

"Entonces se encendió la ira de Elihú, hijo de Baraquel, el buzita de la familia de Ram. Su ira se encendió contra Job, porque él pretendía ser más justo que Dios. Y su ira se encendió también contra sus tres amigos, porque no habían encontrado una respuesta, con lo cual condenaban a Dios.

Mientras ellos hablaban con Job, Elihú se había mantenido a la expectativa, porque ellos tenían más edad que él. Pero al ver que estos tres hombres se habían quedado sin respuesta, se llenó de indignación" (32, 2-5)

Elihú, joven engreído, se cree profeta y vocero de Dios, pero se olvida de reconocer en Job a un hermano y de solidarizarse con él en su adversidad. Afirma: *"Job no sabe lo que dice y sus palabras carecen de sentido". Que Job sea examinado hasta el final por haber respondido como un hombre perverso. Porque él, a su pecado, añade la rebeldía, aplaude en medio de nosotros y multiplica sus palabras contra Dios"* (Job 34, 35-37).

Este joven es tan elocuente, erudito e impulsivo que sus discursos ocupan seis capítulos del libro, del 32 al 37. Sus palabras reflejan profundo conocimiento de la religión y la doctrina de la retribución.

"¡No, Dios no escucha las cosas vanas, el Todopoderoso no se da por aludido! Menos aún cuando tú dices que no lo ves, que hay un juicio pendiente ante él, y que tú lo esperas. Y ahora, porque su enojo no castiga y él no tiene muy en cuenta las rebeldías, Job ha abierto su boca en vano, y es por ignorancia que se excede en el hablar" (Job 35, 13-16).

Ese conocimiento le hace sentir que puede hablar de tú a tú, con insolencia, a Job, quien le aventaja en años y en experiencia de vida.

Como quien da lecciones cuando habla y los demás tienen que callar y poner atención.

"Presta atención a esto, Job, detente y considera las maravillas de Dios. ¿Sabes acaso cómo Dios las dirige y cómo su nube hace brillar el rayo? ¿Sabes cómo se balancean las nubes, maravillas de un maestro en sabiduría?

Tú, que no soportas el ardor de tu ropa, cuando la tierra está en calma bajo el viento del sur, ¿puedes extender con él la bóveda del cielo, sólida como un espejo de metal fundido? Enséñanos qué debemos decirle: no discutiremos más, a causa de la oscuridad" (Job 37, 14-19).

Elihú habla sin parar de todo lo que sabe, hasta que por fin es interrumpido abruptamente por Dios en el capítulo 38, el cual ni siquiera le dirige la palabra.

Religión en teoría

Este recorrido por la actitud y las palabras de los amigos de Job nos debe hacer reflexionar sobre el peligro de tener un conocimiento casi perfecto de las doctrinas religiosas, pero alejadas de la realidad de las personas, de la vida de los creyentes, del sufrimiento y el dolor de nuestro prójimo.

Queriendo aplicar la religión en teoría, sólo convertimos en mentira las palabras verdaderas, porque nuestro corazón no mira la humillación del pobre.

Para los amigos de Job, lo importante era enseñar y adoctrinar. Según ellos, pretendían defender a Dios, pero sus actitudes eran injustas. Job lamentará la traición de sus amigos.

"Bien merece la lealtad de su amigo el hombre deshecho que ha perdido el temor a Dios. Pero mis hermanos me han traicionado como un torrente, como el cauce de los torrentes pasajeros, que corren turbios durante el deshielo, arrastrando la nieve derretida. Al llegar el verano, se evaporan; con el calor, se extinguen en su propio lecho.

Las caravanas desvían su trayecto, se internan en el desierto y perecen. Las caravanas de Temá vuelven los ojos hacia ellos, los viajantes de Sabá esperan encontrarlos. Pero se avergüenzan de haber esperado, llegan hasta allí, y quedan defraudados.

Así son ahora ustedes para mí: ven algo horrible, y se llenan de espanto. Yo nunca les dije: "Denme algo, regálenme una parte de sus bienes; líbrenme del poder del enemigo, rescátenme de las manos de los violentos".

Instrúyanme, y yo me callaré; háganme entender dónde está mi error. ¿Acaso son hirientes las palabras rectas? Pero ¿qué se arregla con los reproches de ustedes? ¿O pretenden arreglarlo todo con reproches, mientras echan al viento las palabras de un desesperado?

¡Ustedes echarían suertes sobre un huérfano y traficarían con su propio amigo!

¡Decídanse de una vez, vuélvanse hacia mí! ¿Acaso les voy a mentir en la cara? Vuelvan, les ruego, y que no haya falsedad; vuelvan, está en juego mi justicia. ¿Acaso hay falsedad en mi lengua o mi paladar no sabe discernir la desgracia?" (Job 6, 14-30).

Qué suerte tan desdichada. Sin bienes, sin hijos, distanciado de su esposa, traicionado por sus amigos. Sin respeto ni consideración de nadie.

Y Dios, ¿Dónde está Dios? Job lo acusa de ser el causante de todas sus desgracias y Él permanece callado. Parece que no le importa la suerte de su siervo.

Por eso Job se siente atacado por Él: *"Si hablo, no se alivia mi dolor; si me callo, tampoco se aparta de mí. Porque ahora, él me ha extenuado y desolado, todos sus terrores me tienen acorralado; se levanta contra mí como testigo, mi debilidad me acusa en mi propia cara. Su ira me desgarra y me hostiga, él rechina sus dientes contra mí"* (Job 16, 6-9).

5

SENTIDO DEL SUFRIMIENTO

*"Gusanos y costras polvorientas
cubren mi carne,
mi piel se agrieta y supura.
Mis días corrieron más veloces
que una lanzadera:
al terminarse el hilo,
llegaron a su fin.
Recuerda que mi vida es un soplo
y que mis ojos
no verán más la felicidad"*
(Job 7, 5-7)

Entramos en el núcleo medular del libro de Job. Quisiéramos que la Biblia nos desvelara el misterio del mal y del sufrimiento, sin embargo, no podemos caer en una falsa esperanza.

Job quien había vivido lo que el ser humano puede considerar la felicidad plena, salud, familia, riqueza, prestigio social, se ve de momento despojado de todas sus seguridades, y arrojado a un lugar de chacales (Cf. Job 30, 29).

El interrogante está presente. ¿Por qué sufrimos lo que sufrimos? ¿Porqué hay tanto dolor en el mundo? Lo que es peor: ¿Porqué sufren tantas personas inocentes? ¿Porqué lo permite Dios?

Podemos pensar en las víctimas inocentes de la guerra, en los niños enfermos de cáncer, o de terribles enfermedades. En la gente muriendo de hambre o de frío. En las esclavitudes modernas que humillan la dignidad de los más pobres.

"En Job, no obstante, se hace aún más clara, pues no pregunta "¿por qué Dios permite que yo sufra estas cosas?", sino "¿por qué Dios me hace sufrir estas cosas?" Que todo proviene de Dios está más allá de toda duda y de toda averiguación; lo que se pregunta es de qué modo son compatibles tales sufrimientos con Su Divinidad" (Martín Buber, Un Dios que oculta su rostro, página 22).

Después de la abnegada aceptación que nos mostró en el primer capítulo y los siete días de silencio transcurridos, Job ha estallado. No desiste en su deseo de discutir con Dios mismo a fin de encontrar la respuesta y el sentido de su sufrimiento, por eso lo provoca y grita con toda su fuerza:

"Dios no reprime su furor: los secuaces de Rahab yacen postrados a sus pies. ¡Cuánto menos podría replicarle yo y aducir mis argumentos frente a él! Aún teniendo razón, no podría responder y debería implorar al que me acusa. Aunque lo llamara y él me respondiera, no creo que llegue a escucharme" (Job 9, 13-16).

A diferencia de quien le reclama a Dios por permitir el sufrimiento en el mundo, Job lo acusa de ser el causante de sus males:

"Sepan que es Dios el que me agravia y que él me ha envuelto en su red. Si grito: "¡Violencia!", no tengo respuesta; si pido auxilio, no se hace justicia. Él cercó mi camino y no puedo pasar; cubrió de tinieblas mi sendero. Me ha despojado de mi honor y quitó la corona de mi cabeza. Me demolió por completo, y ya me voy; arrancó, como un árbol, mi esperanza. Encendió su indignación contra mí y me trató como a su enemigo" (Job 19, 6-11).

Job no tiene reparo en afirmar: *"Él me aplasta por una insignificancia y multiplica mis heridas sin razón. No me da tregua ni para tomar aliento, sino que me sacia de amarguras"* (Job 9, 17-18).

Contra la doctrina de la retribución que no concibe que un inocente esté sufriendo, Job declara abierta e insistentemente su inocencia: *"¡Yo soy un hombre íntegro: nada me importa de mí mismo y siento desprecio por mi vida! ¡Todo es igual! Por eso digo: "Él extermina al íntegro y al malvado". Si un azote siembra la muerte de improviso, se ríe de la desesperación de los inocentes. Si un país cae en manos de un malvado, pone un velo sobre el rostro de los jueces: si no es él, ¿quién otro puede ser?"* (Job 9, 21-24).

Ante Dios no hay escapatoria, por eso Job intenta defenderse arremetiendo contra él, aún sabiendo que ni de día ni de noche podrá liberarse de su poder. *"Mis días pasan más rápido que un corredor, huyen sin ver la felicidad. Se deslizan como barcas de junco, como un águila que se lanza sobre su presa. Si pienso: "Voy a olvidarme de mis quejas, voy a poner buena cara y sonreír", me asalta el terror por todos mis pesares, sabiendo que tú no me absuelves"* (Job 9, 25-28).

Job está decidido a enfrentar en juicio a Dios, aunque deja entrever que de ese juicio no saldrá justificado, porque ante Dios no se puede apelar a la propia inocencia: *"Seré juzgado culpable, ¿para qué entonces fatigarme en vano? Aunque me lavara con nieve y purificara mis manos con potasa, tú me hundirías en el fango y hasta mi ropa sentiría abominación por mí"* (Job 9, 29-31).

En una afirmación sorprendente, reconoce la necesidad de alguien que sirva de árbitro entre los dos. ¿Quién podría tener la razón más que Dios?: porque sólo así podrá estar ante la presencia de Dios sin temor para exponerle su declaración de inocencia y sus pesares: *"¡No, él no es un hombre como yo, para responderle y comparecer juntos en un juicio! ¡Si hubiera al menos un árbitro entre nosotros, que pusiera su mano sobre los dos, para que Dios aparte su vara de mí y no me atemorice su terror! Entonces le hablaría sin temor, porque estoy convencido de que no soy así"* (Job 9, 32-35).

Los creyentes de nuestro tiempo tenemos en Jesucristo un árbitro que siempre falla a nuestro favor.

La abnegación ha dado paso al grito, porque el sufrimiento de Job es muy grande: *"Los gemidos se han convertido en mi pan y mis lamentos se derraman como agua. Porque me sucedió lo que más temía y me sobrevino algo terrible. ¡No tengo calma, ni tranquilidad, ni sosiego, sólo una constante agitación!"* (Job 3, 24-26).

Las preguntas que todos nos hacemos están flotando en el ambiente: *¿Qué sentido tiene todo este sufrimiento? ¿Por qué me ha tocado a mí?* Nuestra vida, que en ocasiones pretende emprender grandes proyectos y planes, se estrella contra el dolor, y Job no es la excepción: *"¡Ah, si pudiera pesarse mi dolor y se pusiera en la balanza toda mi desgracia! Ahora pesarían más que la arena del mar, ¡por eso digo tantos desatinos! Las flechas del Todopoderoso están clavadas en mí y mi espíritu absorbe su veneno; los terrores de Dios están enfilados contra mí"* (Job 6, 2-4).

Peligro de manipular la Biblia

Hemos visto cómo ante el sufrimiento de Job, sus amigos responden con una fría exposición doctrinal. Los tres se aferran a la antigua doctrina sobre la razón del sufrimiento: Dios hace prosperar al justo y hunde a los impíos en la ruina. La Biblia así lo afirma: *"Al justo no le pasará nada malo, pero los malvados están llenos de desgracias"* (Proverbios 12, 21).

La Sagrada Escritura, debería ser para nosotros la fuente que nos facilite el encuentro con Dios en la oración. Tener esta Palabra en nuestros labios y en nuestro corazón debería permitirnos abrirnos en fe, al Misterio, que, como afirma el salmo 118, es lámpara para nuestros pasos y luz en el sendero.

Usar la Biblia para atacar, presionar, desprestigiar a los demás, o dar firmeza a nuestras ideas, nos hace correr el riesgo de deshumanizar su mensaje. Sobre todo, cuando nuestras actitudes no conlleven el verdadero sentido de la caridad, de la verdad y de la comprensión con el que sufre.

Así lo hacen muchos cristianos de nuestro tiempo, dan citas bíblicas sin ton ni son, lastimando con ellas a los inocentes, haciendo más profundo su dolor. Eso hicieron los amigos de Job y por eso llegaron a la conclusión de que, si Job sufre, algún mal tiene que haber cometido. De nada vale que Job se declare inocente. La petición de los amigos será: *"¡Que reconozca humildemente su pecado, y el Señor no tardará en mostrarle su favor!"*

Job no está de acuerdo con estas afirmaciones. De hecho, uno de sus reclamos es el grito de denuncia de nuestro tiempo. La existencia del mal en el mundo es un gran misterio, pareciera reservado solo para quienes son buenos.

Humanidad sufriente

Job representa el sufrimiento de todos los hombres y mujeres de la historia, de todos los pueblos, de todas las religiones. Su manera de exponer sus sufrimientos y de ponerse ante la presencia de Dios, nos da la clave para afrontar nuestros propios problemas y saberlos llevar a la oración, dejándonos iluminar por la fe.

El sufrimiento es una realidad que toca a toda persona de toda época. Por eso la figura de Job es tan iluminadora y cercana a nuestra vida. Nos puede iluminar la afirmación de H. Rowley: *"El sufrimiento es visto como el efecto del pecado sólo cuando el hombre se ha alejado de Dios, puesto que el pecado es la privación de su presencia".*

En el sufrimiento nos sentimos como Job. Pero también de él debemos aprender a buscar a Dios, sobre todo cuando dejamos de comprender el sentido de nuestra vida.

No debemos temer invocarlo con fuerza cuando ya no podamos experimentarlo como Padre. La tentación de llegar a sentirlo como enemigo no debe desalentarnos ni alejarnos de su presencia. Él mismo afirma *"Yo soy Dios y no hombre, Santo en medio de ti y no enemigo a la puerta"* (Oseas 11,9).

Sentido del sufrimiento

¿Quién podría afirmar que conoce el sentido del sufrimiento? El libro de Job no lo desvela y por eso es el libro de los más pobres, los más dolientes de la humanidad.

Si Job hubiera desvelado el sentido del dolor, ya no sería un punto de referencia para los que sufren, pues las personas sufrimos en la oscuridad, en el silencio y el abandono.

Podemos sufrir con resignación o con amor, en paz y con optimismo, pero nadie puede afirmar con certeza porqué sufrimos. Con dolor deberemos aprender que lo importante no es lo que nos pasa, sino la actitud que asumimos ante lo que nos pasa. Si el libro de Job nos hubiera explicado porqué él sufrió de esta manera, su padecer no tendría ya mayor mensaje qué ofrecernos.

San Juan Pablo II nos enseña *"Job contesta la verdad del principio que identifica el sufrimiento con el castigo del pecado y lo hace en base a su propia experiencia. En efecto, él es consciente de no haber merecido tal castigo, más aún, expone el bien que ha hecho a lo largo de su vida. El suyo es el sufrimiento de un inocente; debe ser aceptado como un misterio que el hombre no puede comprender a fondo con su inteligencia"* (Salvifici Doloris, 11).

Uno de los sufrimientos que más nos aplasta es el recuerdo de nuestros errores y culpas pasadas. Pero Job nos enseña también a ser pacientes, a afianzar nuestra confianza en Dios y a presentarle con valentía la historia de nuestra vida.

Por eso el sacramento de la reconciliación es una necesidad primordial para nuestra vida interior. Nos lleva a reconocer ante Dios lo que somos en realidad y pedirle perdón por nuestros errores y pecados.

Al final de cuentas *"Job reconoce que él quiere su bien y que la alternancia del don y de su privación no es por parte de Dios un signo de abandono, Sino una señal de confianza"* (Jean Lévêque, Job. El libro y su mensaje, Pág. 10).

Aunque hasta ahora Dios no le ha respondido, Job sigue apelando a su presencia para encontrar el sentido de su sufrimiento.

Con todo esto, la intención no es dar una explicación del sufrimiento. ¿Quién podría hacerlo? Pero sí decir que, en medio de una adversidad tan grande, es posible encontrar grandes beneficios personales y espirituales, si vemos de por medio la mano de Dios.

"Sabemos, además, que Dios dispone todas las cosas para el bien de los que lo aman, de aquellos que él llamó según su designio" (Romanos 8, 28).

"Esta posición difiere de la que sostiene Elihú en sus discursos. Eliú veía el sufrimiento como una medida disciplinaria, nunca como causa de enriquecimiento espiritual. Antes bien, la elevación del alma estaba, según él, en la unión con Dios, cuya compañía debemos buscar tanto en la adversidad como en la prosperidad" (H. Rowley. Pág 82).

Actitudes ante el sufrimiento

El sufrimiento es algo tan íntimo y personal que, cuando estamos sumergidos en él, todas las personas tomamos diferentes caminos. Algunos inclusive llegan a apartarse de la fe, por no comprender el por qué a ellos les pasa lo que les pasa.

Otras viven en una amargura constante por estar en lucha y rechazo permanente, en una rebeldía que los deja cada vez más vacíos. Otros se refugian en vicios y actitudes negativas como el rencor y la amargura, como si fuera la única manera de ahogar su dolor y frustración. Otros hacen de su dolor una excusa para seguir sufriendo sin darse una oportunidad de seguir adelante. Otros, en medio del sufrimiento saben permanecer en paz y serenidad, sabiendo que es una tormenta que tarde o temprano pasará.

¿Qué nos enseña Job a lo largo del desarrollo del libro? ¿Qué actitudes podemos aprender de su experiencia, para vivir en los momentos de sufrimiento?

1) **Aceptación y reconocimiento de la prueba**. "Si aceptamos de Dios lo bueno, ¿no aceptaremos también lo malo?" (Job 2, 10). Sí, ahí está el dolor y la prueba, no la podemos borrar de un golpe, ni podemos borrar la vida como se haría con la información en una computadora. Aceptar la realidad

del momento doloroso es una manera de empezar a luchar.

2) **Afrontar la prueba.** Como decimos popularmente: "agarrar al toro por los cuernos". Ante los males que nos sobrevienen no podemos dejarnos sumir por la tristeza, hay que luchar valientemente, incluso, cuando no hay solución a la vista. Para quienes tenemos fe, es tomar nuestra vida en y ponerla en manos de Dios.

"Afrontar la prueba es en determinados momentos la única garantía de serenidad en la existencia. No su eliminación, sino su vivencia, es lo que hace singular la alegría del cristiano" (La fuerza en la debilidad, Pág. 10)

3) **Aceptar nuestras limitaciones:** Job afirma: *"Desnudo salí del seno de mi madre y desnudo volveré a él"* (1, 21). Ahora se reconoce vulnerable y tiene la oportunidad de comenzar su vida de nuevo. Todo lo que antes tenia era como un vestido del cual se ha despojado para volver a nacer.

4) **Bendecir como lo hizo Job:** *"El Señor me lo dió, el Señor me lo quitó.*

Bendito sea el nombre del Señor" (1, 21). Por ahora le basta saber que Dios ha intervenido para aceptar sus pruebas. Satanás pensaba que maldeciría a Dios en la cara, Job, sin embargo, bendice al Creador.

Y nosotros, ¿Qué actitud tomamos ante el sufrimiento y el dolor? El sufrimiento es la prueba de fuego de nuestra existencia, y dice la escritura que Dios es fuego devorador (Cf. Hebreos 12, 29).

No pretendamos ser jueces de Dios ni pretendamos pedirle cuentas por sus actos, porque Él se manifiesta a los sencillos, y nuestra mente no podría entender jamás los caminos del Señor.

Ayudará a sanar nuestras heridas el aprender de Job a vivir en la presencia del buen Dios, desahogar ante Él nuestro corazón, esperar confiados la hora en la que Él se manifieste y vuelva a darnos la luz y la alegría de vivir.

Causas del sufrimiento

La tentación de cada persona es querer saber por qué sufrimos lo que sufrimos, porqué nos pasa lo que nos pasa. Nadie sabe las causas reales de su sufrimiento. No es sólo la apuesta de Satanás sobre nosotros, ni nuestros pecados o errores personales. No existe una única razón para sufrir.

"Esa causa o razón permanece oculta en el corazón de Dios. En el caso de Job, no era indigna de Dios, ni tampoco de Job. Era expresión de la confianza que Dios tenía en él, y su sufrimiento era una manera de servir a la divinidad. Sin embargo, Job no podía saber todo esto.

El autor, entonces, le está diciendo al lector que, si alguna vez el sufrimiento le llega sin merecerlo, aunque no le será posible conocer su causa, podrá hacerle frente en la confianza de que, de conocerla, comprobaría que él también está sirviendo a Dios y que su agonía es un honor" (H. Rowley. La solución intelectual contrapuesta a la espiritual, página 80).

Ante el sufrimiento humano, la presencia de Dios no nos es indiferente. Siempre lo reconocemos o lo negamos. Algunos como Job lo bendicen, otros, como Satanás apuesta, lo maldicen. Pero siempre sale a relucir su Misterio.

"Para Job, la desgracia viene de Dios lo mismo que la dicha, y el hombre no puede quedarse puramente pasivo ante lo que viene de Dios No solamente tiene que recibir, sino acoger.

El lector de los dos diálogos celestiales ha pensado que Yavéh no quiere la desgracia como desgracia, sino como prueba de fidelidad. Pero Job no está enterado de estas confidencias y por eso su aceptación tiene más valor.

Afirma su libertad reivindicando la de Dios. Admite que no tiene ningún derecho a exigir la felicidad y que la dicha no es algo que forzosamente deba recibir.

Para Job, el hombre no tiene un poder absoluto sobre su destino, su libertad tiene rienda suelta, pero dentro de un destino medido por otra libertad que no tiene mas motivo que a ella misma, que no tiene que rendir cuentas a nadie, y a la que se debe un respeto y una adoración incondicionales. Este era ya el sentido de la humillación de Job" (Job, el libro y su mensaje. Pág. 10).

Oración de lamentación

Uno de los frutos más valiosos de este libro sería aprender a hacer oración de lamentación, la cual debemos aprender a distinguir de las quejas estériles. Nos gusta quejarnos de todo y contra todo. Lamentarse ante Dios no es lamentarse de Dios, no es quejarse sino gritarle nuestro dolor.

La oración de lamentación sacude el alma, hace que exprimamos la herida para sacar lo que nos duele, como quien saca el pus de una llaga. Por lo tanto, es una oración que nos libera el alma. Es plantarse frente a Dios para exponerle nuestro sufrimiento.

Job se desahoga de todos sus males, y está decidido a encontrar al Señor:

- **13, 3:** *"Pero yo quiero hablarle al Todopoderoso, mi deseo es discutir con Dios".*
- **13, 14:** *"Arriesgaré el todo por el todo y pondré en peligro mi vida".*

Por eso ora al Señor con fuerza:

- **13, 21-22:** *"Aparta de mí la palma de tu mano y que tu terror no me atemorice. Luego llámame, y yo te responderé, o hablaré yo, y Tú me responderás".*

Comparto una página del Cardenal Martini, la mejor que he encontrado sobre la oración de lamentación: *"Se ha perdido el sentido verdadero del lamento, que consiste en llorar ante Dios. Así, las fuerzas de resistencia, de irritación, de rabia que se agitan en el alma, al no encontrar su desahogo natural y justo, arremeten contra todo y todos cuantos nos rodean, originando la infelicidad de la vida, de la familia, de la comunidad y de los grupos.*

Solo Dios, que es padre, es capaz de soportar también las rebeliones y los gritos del hijo; la relación con un Dios tan bueno y fuerte es la que nos permite litigar con él. Él acepta este enfrentamiento, como aceptó el de Elías, el de Jonás, el de Jeremías y el de Job. Es verdad que Jonás será recriminado cuando pide morir, pero, aun así, Dios le permitió hablar.

Abrir la veta de la lamentación es el modo más eficaz de cerrar los filones de las quejas que entristecen al mundo, a la sociedad y a la realidad de la Iglesia y que no tienen salida, porque, al ser vividas a nivel puramente humano, no llegan al fondo del problema.

Muchas veces, si sustituyéramos las quejas estériles, generadoras de nuevas heridas, por la lamentación profunda en la oración, encontraríamos la solución a nuestros problemas y a los problemas de los demás; o bien, de una u otra manera, tomaríamos el camino expresivo más justo para denunciar el sufrimiento y el malestar en la Iglesia" (La fuerza en la debilidad, Pág. 27).

El libro de Job nos ofrece estupendas oraciones de lamentación ante Dios. Orarlas ante el Santísimo, o en un lugar apartado ante la presencia del buen Dios, nos puede ayudar a poner ungüento espiritual a nuestro sufrimiento.

"Mi alma está asqueada de la vida, quiero dar libre curso a mi queja, expresaré toda mi amargura. Diré a Dios: "No me condenes, dame a conocer por qué me recriminas" (Job 10, 1-2).

Es a Dios a Job le dice: no me condenes. Es a Él a quien en nuestra lamentación y angustia podemos gritar nuestra frustración, porque sólo Él, como Padre, es capaz de tenernos paciencia en nuestro desahogo y de aceptar con amor nuestra oración, aunque esté cargada de despecho y frustración.

"¿Acaso yo soy el Mar o el Dragón marino para que dispongas una guardia contra mí? Cuando pienso: "Mi lecho me consolará, mi cama compartirá mis quejidos", entonces tú me horrorizas con sueños y me sobresaltas con visiones. ¡Más me valdría ser estrangulado, prefiero la muerte a estos huesos despreciables!

Yo no viviré eternamente: déjame solo, porque mis días son un soplo.

¿Qué es el hombre para que lo tengas tan en cuenta y fijes en él tu atención, visitándolo cada mañana y examinándolo a cada instante? ¿Cuándo dejarás de mirarme? ¿No me darás tregua ni para tragar saliva? Si pequé, ¿qué daño te hice, a ti, guardián de los hombres? ¿Por qué me has tomado como blanco y me he convertido en una carga para ti? ¿Por qué no perdonas mis ofensas y pasas por alto mis culpas?

¡Mira que muy pronto me acostaré en el polvo, me buscarás, y ya no existiré!" (Job 7, 12-21)

Sorprende que la Biblia no haya eliminado estos desahogos de Job. Para muchos parecería una insolencia la manera como se dirige a Dios. Pero el valor de Job está en no apartarse de quien cree lo está triturando. Es a Dios mismo a quien recurre.

"Concédeme dos cosas solamente, y así no me ocultaré de tu presencia: aparta de mí la palma de tu mano y que tu terror no me atemorice. Luego llámame, y yo te responderé, o hablaré yo, y tú me responderás.

¿Cuántas son mis culpas y mis pecados? Dame a conocer mi rebeldía y mi pecado. ¿Por qué ocultas tu rostro y me consideras tu enemigo? ¿Quieres atemorizar a una hoja llevada por el viento? ¿Vas a perseguir a una paja reseca?

¡Tú que dictas contra mí sentencias amargas y me imputas las culpas de mi juventud, tú que pones mis pies en el cepo, tú que vigilas todos mis senderos y cercas las plantas de mis pies! Así este hombre se deshace como madera carcomida, como ropa devorada por la polilla" (Job 13, 20-28).

Al hacer oración de lamentación, Job arremete con una serie de preguntas y de atrevidas afirmaciones que poner al descubierto la fuerza de su alma, desde la cual le grita a Dios:

"¿Es un placer para ti oprimir, despreciar la obra de tus manos y favorecer el designio de los malvados? ¿Acaso tienes ojos de carne? ¿Ves tú las cosas como las ven los hombres? ¿Son tus días como los de un mortal y tus años como los días de un hombre, para que estés al acecho de mi culpa y vayas en busca de mi pecado, aún sabiendo que no soy culpable y que nadie puede librar de tu mano?

Tus manos me modelaron y me hicieron, y luego, cambiando de parecer, me destruyes. Acuérdate que me hiciste de la arcilla y que me harás retornar al polvo.

¿Acaso no me derramaste como leche y me cuajaste como el queso? Me revestiste de piel y de carne y me tejiste con huesos y tendones. Me diste la vida y me trataste con amor, y tu solicitud preservó mi aliento.

¡Pero tú ocultabas algo en tu corazón, ahora comprendo lo que tenías pensado! Si yo peco, tú me vigilas y no me absuelves de mi culpa. Si soy culpable, ¡ay de mí!

Si soy inocente, tampoco puedo alzar cabeza, saturado de ignominia, embriagado de aflicción. Si me levanto, tú me cazas como un león y redoblas contra mí tu asombroso poder. Suscitas contra mí nuevos testigos, acrecientas tu furor contra mí y me atacas con tropas de relevo" (Job 10, 3-17).

Job no está dispuesto a ceder terreno en su lucha contra Dios: *"¡Que él me mate! Ya no tengo esperanza, sólo quiero defender mi conducta ante él"* (Job 13, 15). La oración de lamentación no responderá los innumerables porqués ante tanto dolor, pero sí dará sentido a nuestro sufrimiento y, sobre todo, paz a nuestro corazón.

6

EL MISTERIO DEL MAL

"Las carpas de los salteadores
están en paz; hay seguridad
para los que provocan a Dios,
para el que tiene a Dios en un puño"
(Job 12, 6)

Es un misterio profundo la existencia del mal en el mundo. Si Dios es infinitamente bueno, ¿porqué existe el mal? ¿Porqué pareciera que a los malos les va bien y a los buenos mal? Job no rehusa tratar este problema.

Es como si el comportamiento de los malos fuera el mismo a través de generaciones y generaciones. Esta cita de Job pareciera haber sido escrita el día de hoy, en cualquier lugar marginado del mundo.

"Los malvados remueven los mojones, se apoderan del rebaño y del pastor.

Se llevan el asno de los huérfanos, toman en prenda el buey de la viuda; arrancan al huérfano del pecho materno y toman en prenda al niño pequeño del pobre.

Desvían al indigente del camino, y los pobres del país tienen que esconderse.

Como asnos salvajes en el desierto, salen los pobres, buscando una presa; y aunque ellos trabajan hasta la tarde, no tienen pan para sus hijos. Cosechan en el campo del impío, vendimian la viña del malvado.

Pasan la noche desnudos, por falta de ropa, sin un abrigo para taparse del frío. Empapados por el aguacero de las montañas, sin refugio, se acurrucan contra las rocas.

Andan desnudos, por falta de ropa, cargan las gavillas, y están hambrientos. Exprimen el aceite entre dos máquinas de moler, pisotean el lagar, y están sedientos.

De la ciudad, salen los gemidos de los moribundos, las gargantas de los heridos piden auxilio, ¡pero Dios no escucha sus plegarias!

Hay otros que se rebelan contra la luz: no reconocen sus caminos ni se detienen en sus senderos.

El asesino se levanta antes del alba para matar al pobre y al indigente. El ladrón merodea por la noche,

El adúltero aguarda la penumbra, pensando: "¡Ningún ojo me verá!", y se cubre la cara con un velo. Ellos se encierran durante el día, todos ellos ignoran la luz. Porque, para ellos, la mañana es la hora sombría, están habituados a los terrores de la noche" (Job 24, 2-17).

El destino de los malos

Las afirmaciones que presenta el libro de Job son muy atrevidas, hasta el punto de que cuestionan toda lógica de justicia por parte de Dios. Y es que el reclamo de Job es el mismo, el de la humanidad lastimada por el éxito de los malvados.

Por eso afirma con mucha crudeza: *"¿Cómo es posible que vivan los malvados, y que aun siendo viejos, se acreciente su fuerza? Su descendencia se afianza ante ellos, sus vástagos crecen delante de sus ojos. Sus casas están en paz, libres de temor, y no los alcanza la vara de Dios.*

Su toro fecunda sin fallar nunca, su vaca tiene cría sin abortar jamás. Hacen correr a sus niños como ovejas, sus hijos pequeños saltan de alegría. Entonan canciones con el tambor y la cítara y se divierten al son de la flauta. Acaban felizmente sus días y descienden en paz al Abismo.

Y ellos decían a Dios: "¡Apártate de nosotros, no nos importa conocer tus caminos! ¿Qué es el Todopoderoso para que lo sirvamos y qué ganamos con suplicarle?" ¿No tienen la felicidad en sus manos? ¿No está lejos de Dios el designio de los malvados?

¿Cuántas veces se extingue su lámpara y la ruina se abate sobre ellos? ¿Cuántas veces en su ira él les da su merecido, y ellos son como paja delante del viento, como rastrojo que se lleva el huracán? ¿Reservará Dios el castigo para sus hijos? ¡Que lo castigue a él, y que él lo sienta! ¡Que sus propios ojos vean su fracaso, que beba el furor del Todopoderoso! ¿Qué le importará de su casa después de él, cuando se haya cortado el número de sus meses?

Pero ¿puede enseñarse la sabiduría a Dios, a él, que juzga a los seres más elevados? Uno muere en la plenitud de su vigor, enteramente feliz y tranquilo, con sus caderas repletas de grasa y la médula de sus huesos bien jugosa. Otro muere con el alma amargada, sin haber gustado la felicidad. Después, uno y otro yacen juntos en el polvo y los recubren los gusanos.

Sí, yo sé lo que ustedes piensan, los razonamientos que alegan contra mí! "¿Dónde está, dicen ustedes, la casa del potentado y la carpa en que habitaban los malvados?". Pero ¿no han preguntado a los que pasan por el camino? ¿No han advertido, por las señales que dan, que el impío es preservado en el día de la ruina y es puesto a salvo en el día del furor? ¿Quién le echa en cara su conducta? ¿Quién le devuelve el mal que hizo?

Es llevado al cementerio, y una lápida monta guardia sobre él. Son dulces para él los terrones del valle; todo el mundo desfila detrás de él, y ante él, una multitud innumerable. ¡Que inútil es el consuelo que me ofrecen! Sus respuestas son puras falacias" (Job 21, 7-34).

La suerte de los justos

En cambio al justo le está reservado el dolor, y lo más desconcertante, pareciera que es Dios quien lo causa.

"Dios me entrega al poder del injusto, me arroja en manos de los malvados.

Yo estaba tranquilo y él me destrozó, me tomó por el cuello y me hizo pedazos. Me puso como blanco ante él, sus flechas vuelan a mi alrededor. Traspasa mis riñones sin piedad y derrama por tierra mi hiel. Abre en mí una brecha tras otra, arremete contra mí como un guerrero.

Llevo cosido un cilicio a mi piel, tengo hundida la frente en el polvo. Mi rostro está enrojecido por el llanto y la oscuridad envuelve mis pupilas" (Job 16, 11-16).

Job no teme enfrentarse con Dios o exigirle una respuesta. Está convencido que no ha hecho nada para merecer semejante ira.

Job cuestiona la pregunta que quema el interior de quien sufre: ¿Porqué si Dios lo puede todo y todo lo conoce trata como enemigo a quien ha decidido servirle y ha buscado ser su amigo?

Necesidad del dolor

Pudiera parecer contradictorio, pero si el dolor no existiera, la humanidad tampoco. Y es que el dolor en sí mismo no es malo, muchas veces nos previene de un peligro mayor.

Por ejemplo, si pusiéramos nuestras manos en el fuego y no sintiéramos dolor, se nos quemarían y nos quedaríamos sin ellas. Si el cáncer o cualquier enfermedad grave doliera cuando inicia, la gran mayoría lo podría superar. El dolor es nuestra protección para sobrevivir. Ese tipo de dolor no es tan cuestionable.

El problema viene cuando constatamos la existencia del dolor que humanamente pareciera no tener sentido. Especialmente el sufrimiento de los inocentes. El de los pobres y marginados. El de los niños que nacen con una enfermedad grave, o en la marginación y la pobreza extrema.

Pienso en las personas marginadas del desarrollo, de la alimentación, de la educación, quienes no tienen un lugar digno para vivir. Pienso también en aquellos a quienes la vida les da un giro inesperado en la salud, la economía, la estabilidad emocional, en las relaciones personales. Pienso en las víctimas de la violencia o de la injusticia de los poderosos. Parecieran estar condenados a vivir cada día con un mal que no merecen. Que nadie merece.

"Por eso nos sigue preocupando tanto como a Job la resolución del problema central del mal. Aquí reside, no hace falta decirlo, la significación permanente del problema de Job, problema que excede de la antigua controversia judía acerca de si la justicia divina actúa siempre tal como los amigos de Job, en su apego a la tradición, lo afirman. El poema toca una cuestión que no sólo atañe a una vieja religión, sino a la filosofía de todos los tiempos" (Josiah Royce. La unidad de Dios con el que sufre, página 114).

Muchas personas no creyentes descalificarían la argumentación de Job y su empeño de recurrir a Dios para encontrar una respuesta al mal en el mundo.

Para muchos, el mal es como si no existiera, o si existe, no tiene ninguna relación ni con Dios ni con el diablo. Para ellos las adversidades son eventos de la naturaleza a la cual todos estamos sujetos. La argumentación parece atractiva, pero no satisface las expectativas de la mente y del corazón.

¿Le explicaríamos eso a alguien que sufre? ¿Serán palabras adecuadas para quien perdió a un ser querido o para quien vive el horror de la guerra o del hambre? ¿A los niños en los hospitales les ayudaría saber que la naturaleza humana es limitada y que es ley de vida enfermarse?

Son preguntas que requieren una respuesta mucho más profunda, por respeto a quien sufre. La naturaleza no tiene respuesta para el problema del mal en el mundo. Job busca respuestas en Dios y desde Dios.

El misterio del mal existe y radica en el corazón de las personas, y el corazón humano es algo muy difícil de entender, sólo Dios tiene la llave para poderlo descifrar.

"Se sabe muy bien cuáles son las obras de la carne: fornicación, impureza y libertinaje, idolatría y superstición, enemistades y peleas, rivalidades y violencias, ambiciones y discordias, sectarismos, disensiones y envidias, ebriedades y orgías, y todos los excesos de esta naturaleza" (Gálatas 5, 19-21).

7

ENFERMEDAD Y MUERTE

*"Porque mis años están contados
y voy a emprender
el camino sin retorno"*
(Job 16, 22)

La enfermedad y la muerte han acompañado la historia de la humanidad. Antiguamente había menos recursos y era más complicado atenderse. Hoy en día los avances médicos son enormes y en el futuro se piensa serán espectaculares. No obstante, la enfermedad y la muerte seguirán estando presentes.

Estos temas parecieran un tabú en la sociedad actual, acostumbrada sólo a tratar temas de éxito, riqueza y poder. Duele decirlo, pero la fama, la riqueza y el éxito humano no es para todos, pero la enfermedad y la muerte sí, aún para aquellos que sienten su vida engrandecida por unos cuantos logros humanos.

Hay situaciones propias de nuestra condición humana, realidades ante las que no podemos cerrar los ojos y hacernos los desentendidos.

La enfermedad en Job

"El Adversario se alejó de la presencia del Señor, e hirió a Job con una úlcera maligna, desde la planta de los pies hasta la cabeza. Job tomó entonces un pedazo de teja para rascarse, y permaneció sentado en medio de la ceniza" (Job 2, 7-8).

En el libro de Job se habla de la enfermedad con un realismo impresionante. Se dan detalles muy precisos de sus males.

Al hablar así, el libro nos lleva a entender que dichos tormentos no son imaginarios o etéreos, sino que son reales y concretos. Como lo son también los sufrimientos de la humanidad.

Cito algunas de las enfermedades sufridas por Job:
- estuvieron caracterizadas por llagas (2, 7-8),
- mal aliento (19, 17),
- pérdida de peso (19, 20),
- desfiguración (2, 12),
- piel oscura y encostrada, infestada de gusanos (30, 30; 7, 5),

- y huesos que ardían de dolor agudo (30, 17).

Job es muy expresivo para narrar su sufrimiento: *"Mi piel ennegrecida se me cae, mis huesos arden por la fiebre. Mi cítara sólo sirve para el duelo y mi flauta para acompañar a los que lloran"* (Job 30, 30-31).

Como alguien herido y derribado, Job grita su dolor desde lo más profundo de su ser: *"Me has convertido en burla de la gente, soy como alguien a quien se escupe en la cara. Mis ojos se debilitan por la tristeza y todos mis miembros son como la sombra"* (Job 17, 6-7).

Job ha perdido el gusto por la vida y la esperanza de vencer sus aflicciones. La fuerza y los recursos se han agotado:

"Lo que yo me resistía incluso a tocar es mi alimento en la enfermedad. ¡Si al menos se cumpliera mi pedido y Dios me concediera lo que espero! ¡Si Dios se decidiera a aplastarme, si soltara su mano y me partiera en dos! Entonces tendría de qué consolarme y saltaría de gozo en mi implacable tormento, por no haber renegado de las palabras del Santo.

¿Qué fuerza tengo para poder esperar? ¿Cuál es mi fin para soportar con paciencia? ¿Tengo acaso la resistencia de las piedras o es de bronce mi carne? No, no encuentro ninguna ayuda dentro de mí mismo y se me han agotado los recursos" (Job 6, 7-13).

Humanidad doliente y enferma

Así como fueron misteriosos e inexplicables los acontecimientos que han llenado a Job de enfermedades, así serán también en nuestra vida. Por muy desconcertante que parezca, antes o después, todos nosotros acabaremos hermanados con el dolor.

Por mucho que nos cueste aceptarlo, el dolor y la enfermedad no son ajenos a la vida humana, y un día se cruzarán en nuestro camino para ya no soltar nuestra mano hasta el final.

"¡Ah, si pudiera pesarse mi dolor y se pusiera en la balanza toda mi desgracia! Ahora pesarían más que la arena del mar, ¡por eso digo tantos desatinos! Las flechas del Todopoderoso están clavadas en mí y mi espíritu absorbe su veneno; los terrores de Dios están enfilados contra mí" (Job 6 2-4).

Así que Job define muy bien el sufrimiento de la humanidad doliente y enferma, entre la cual estamos todos nosotros sin excepción.

"Los gemidos se han convertido en mi pan y mis lamentos se derraman como agua. Porque me sucedió lo que más temía y me sobrevino algo terrible. ¡No tengo calma, ni tranquilidad, ni sosiego, sólo una constante agitación!" (Job 3, 24 -26).

Un buen ejercicio liberador sería el que nosotros identificáramos también, como lo hizo Job, el rostro de nuestro dolor, y tomáramos de la mano nuestras enfermedades para vencer las que están a nuestro alcance, y no violentarnos contra las que no está en nosotros superar.

Serenidad ante la adversidad

Tampoco deberíamos espantarnos por el hecho de tener que sufrir. Es parte de nuestra naturaleza humana expuesta a las limitaciones y a la fragilidad.

"¿No es una servidumbre la vida del hombre sobre la tierra? ¿No son sus jornadas las de un asalariado? Como un esclavo que suspira por la sombra, como un

asalariado que espera su jornal, así me han tocado en herencia meses vacíos, me han sido asignadas noches de dolor.

"Al acostarme, pienso: '¿Cuándo me levantaré?'. Pero la noche se hace muy larga y soy presa de la inquietud hasta la aurora. Gusanos y costras polvorientas cubren mi carne, mi piel se agrieta y supura" (Job 7, 1-5).

Pareciera normal que cuando llegan las enfermedades y cuando más sufrimos, nos sintamos desalentados. Pareciera como que la esperanza se terminara. Job así lo experimentaba:

"Y ahora mi vida se diluye en mi interior, me han tocado días de aflicción. De noche, siento taladrar mis huesos, los que me roen no se dan descanso. Él me toma de la ropa con gran fuerza, me ciñe como el cuello de mi túnica. Él me ha arrojado en el fango, y me asemejo al polvo y la ceniza.

Clamo a ti, y no me respondes; me presento, y no me haces caso. Te has vuelto despiadado conmigo, me atacas con todo el rigor de tu mano. Me levantas y me haces cabalgar en el viento, y me deshaces con la tempestad. Sí, ya lo sé, me llevas a la muerte, al lugar de reunión de todos los vivientes" (Job 30, 16-23).

Aún así, Job nunca deja de invocar a Dios, con lo cual muestra su convicción de que ni la enfermedad ni la muerte tienen la palabra final, sólo Dios.

Al final de todo, prevalece la exclamación de Job como un signo de fidelidad a Dios en la enfermedad: *"Si aceptamos de Dios lo bueno, ¿no aceptaremos también lo malo?"* (Job 2, 10).

Dios no quiere la desgracia de las personas, pero nuestra fidelidad siempre estará puesta a prueba en la adversidad.

La muerte

Es de lo más sabido, que todos vamos a morir, pero es para lo que menos estamos preparados. Tarde o temprano la muerte llega y muchas veces no precisamente de sorpresa. Aún así, nos sentimos desconcertados por su presencia. De una u otra manera nos lastima y nos pone al límite de las emociones y sensaciones humanas.

Realistas y desconcertantes son las siguientes palabras de Job:

"El hombre, nacido de mujer, tiene una vida breve y cargada de tormentos: como una flor, brota y se marchita; huye sin detenerse, como una sombra. ¡Y sobre alguien así tú abres los ojos, lo enfrentas contigo en un juicio!

Ya que sus días están determinados y tú conoces el número de sus meses, ya que le has puesto un límite infranqueable, ¡aparta de él tu mirada y déjalo solo, para que disfrute de su jornada como un asalariado!" (Job 14, 1-3 .5-6).

Cuando el libro de Job fue escrito, no existía como ahora un conocimiento de la eternidad como nos lo enseñó Jesús. Es por lo que muchos textos acerca de la muerte parecen profundamente pesimistas y sin esperanza.

"Para el árbol hay una esperanza: si es cortado, aún puede reverdecer y no dejará de tener retoños. Aunque su raíz haya envejecido en el suelo y su tronco esté muerto en el polvo, apenas siente el agua, produce nuevos brotes y echa ramas, como una planta joven.

Pero el hombre, cuando muere, queda inerte; el mortal que expira, ¿dónde está? El agua del mar se evapora, un río se agota y se seca: así el hombre se acuesta y no se levanta; desaparecerán los cielos, antes que él se despierte, antes que se alce de su sueño" (Job 14, 7 - 12).

Pero para Job, la muerte no es un acontecimiento cualquiera. Adelantado a su tiempo, ya se vislumbra la necesidad de un descanso después de una vida de aflicción.

Más aún, para Job, el acontecimiento de la muerte tiene un sentido mucho más favorable que los sufrimientos y penas que las personas afrontamos en esta vida.

"¿Por qué no me morí al nacer? ¿Por qué no expiré al salir del vientre materno? ¿Por qué me recibieron dos rodillas y dos pechos me dieron de mamar? Ahora yacería tranquilo, estaría dormido y así descansaría, junto con los reyes y consejeros de la tierra que se hicieron construir mausoleos, o con los príncipes que poseían oro y llenaron de plata sus moradas. O no existiría, como un aborto enterrado, como los niños que nunca vieron la luz.

Allí, los malvados dejan de agitarse, allí descansan los que están extenuados.

También los prisioneros están en paz, no tienen que oír los gritos del carcelero.

Pequeños y grandes son allí una misma cosa, y el esclavo está liberado de su dueño.

¿Para qué dar la luz a un desdichado y la vida a los que están llenos de amargura, a los que ansían en vano la muerte y la buscan más que a un tesoro, a los que se alegrarían de llegar a la tumba y se llenarían de júbilo al encontrar un sepulcro, al hombre que se le cierra el camino y al que Dios cerca por todas partes?" (Job 3, 11-23).

Actitudes ante la muerte

Desde que existe la vida humana entró la muerte al mundo. Sin embargo, no logramos acostumbrarnos a ella, ni la asimilamos como algo integrado a nuestra existencia.

Nos resulta más cómodo evadir el tema. Que llegue cuando tenga que llegar, mientras más lejos mejor. Pero mientras tanto, no la consideramos un tema importante a tratar.
Job sí aborda el tema de la muerte y lo hace de una manera sorprendente para su tiempo: *"Entonces Job se levantó y rasgó su manto; se rapó la cabeza, se postró con el*

rostro en tierra y exclamó: "Desnudo salí del vientre de mi madre, y desnudo volveré allí. El Señor me lo dio y el Señor me lo quitó: ¡bendito sea el nombre del Señor!" (Job 1, 20-21).

La expresión me recuerda la pregunta que Nicodemo le hace a Jesús: *"¿Cómo un hombre puede nacer cuando ya es viejo? ¿Acaso puede entrar por segunda vez en el seno de su madre y volver a nacer?"* (Juan 3, 4).

Volver al seno de la madre es prepararse a un nuevo nacimiento. Claro está que Job no se refiere a volver al seno de la mujer sino al seno de la madre tierra, que es quien lo recibirá al morir, y donde esperará su nuevo nacimiento. El deseo de morir, o de no haber nacido, está presente en varios momentos del libro de Job.

"¿Por qué me sacaste del seno materno? Yo habría expirado sin que nadie me viera, sería como si nunca hubiera existido, me habrían llevado del vientre a la tumba.

¡Duran tan poco los días de mi vida! ¡Apártate de mí! Así podré sonreír un poco, antes que me vaya, para no volver, a la región de las tinieblas y las sombras, a la

tierra de la oscuridad y el desorden, donde la misma claridad es tiniebla (Job 10, 18-22).

La decisión está en manos de Dios

Pero, por muy deprimido que esté, por muy miserable que sienta su existencia, por muchos deseos que tenga de morir, no es a él a quien le toca disponer de su vida.

No hay en el libro una sola referencia al suicidio. Su vida está en las manos de Dios y es al Creador a quien le toca disponer el momento y las circunstancias de su muerte. Por eso le pide a Dios su muerte, porque ni Job mismo, ni nadie, tienen el poder ni el derecho de disponer de ella.

"¡Si al menos se cumpliera mi pedido y Dios me concediera lo que espero! ¡Si Dios se decidiera a aplastarme, si soltara su mano y me partiera en dos! Entonces tendría de qué consolarme y saltaría de gozo en mi implacable tormento, por no haber renegado de las palabras del Santo" (Job 6, 8-10).

La vida eterna

He comentado que en tiempos de Job no estaba desarrollada la doctrina de la vida eterna, como la entendemos hoy.

La creencia en tiempos de Job es, que cuando alguien moría, descendía al sheol, el cual no sabía explicarse del todo, como si fuera una existencia en penumbras. Esa falta de conocimiento de la eternidad aumenta la tristeza y derriba la esperanza ¿Qué podríamos esperar si nuestro destino final fuera solo la tumba?

"Han pasado mis días, se han deshecho mis planes y las aspiraciones de mi corazón. ¿Qué puedo esperar? El Abismo es mi morada, en las tinieblas extendí mi lecho. Yo grito a la fosa: "¡Tú eres mi padre!", y a los gusanos: "¡Mi madre y mis hermanos!". ¿Dónde está entonces mi esperanza? Y mi felicidad, ¿quién la verá? ¿Bajarán conmigo al Abismo? ¿Nos hundiremos juntos en el polvo?" (Job 17, 11. 13-16).

A los creyentes de nuestro tiempo, muchos textos del libro de Job nos pudieran parecer pesimistas y carentes de esperanza, pero la revelación de Jesucristo nos ha abierto un horizonte nuevo que entonces no se tenía.

En tiempos de Job ni siquiera se conocía el concepto de resurrección como lo entendemos hoy. Si Job hubiera tenido conocimiento de la existencia del Reino de Dios, su esperanza se hubiera afianzado aún más.

Tiene el gran mérito de no haber dejado ni un momento de clamar al Señor, aunque por momentos sintiera que Él era el causante de su dolor, y eso para nosotros constituye una gran lección espiritual, de amistad y cercanía con el Creador.

Job sabe que Dios está presente, y por eso, como alguien que se siente amado, en ocasiones apela, a la consideración de quien lo ama. Como diciéndole: si todo sigue así, tal vez me dejes de ver, me puedas perder.

"Mis días corrieron más veloces que una lanzadera: al terminarse el hilo, llegaron a su fin. Recuerda que mi vida es un soplo y que mis ojos no verán más la felicidad.

El ojo que ahora me mira, ya no me verá; me buscará tu mirada, pero ya no existiré. Una nube se disipa y desaparece: así el que baja al Abismo no sube más. No regresa otra vez a su casa, ni el lugar donde estaba lo vuelve a ver" (Job 7, 6-10).

Hay un pasaje muy bello y muy conocido del libro de Job. Para los cristianos de nuestro tiempo tiene un sentido y una revelación total. Para Job, que aún no conoce la doctrina de la resurrección y la vida eterna, son ya los indicios de una nueva esperanza, la esperanza del justo.

"Yo sé que mi Redentor vive y que él, el último, se alzará sobre el polvo. Y después que me arranquen esta piel, yo, con mi propia carne, veré a Dios.

Sí, yo mismo lo veré, lo contemplarán mis ojos, no los de un extraño" (Job 19, 25-27).

8

EL DRAMA DE LA FE

"Con Dios están la sabiduría y el poder, a él pertenecen el consejo y la inteligencia. Si él destruye, nadie reconstruye; si aprisiona, nadie puede abrir. Si él retiene las aguas, hay sequía; si las suelta, inundan la tierra. Con él están la fuerza y la prudencia, a él pertenecen el que yerra y el que hace errar.

Él hace andar descalzos a los consejeros y priva a los jueces de su sano juicio. Desata los cinturones de los reyes y les ata una cuerda a la cintura. Hace andar descalzos a los sacerdotes y derriba a los que están firmemente establecidos. Deja sin habla a los más seguros y priva de la razón a los ancianos. Cubre de desprecio a los nobles y afloja el cinturón de los tiranos.

Despoja los abismos de sus tinieblas e ilumina las cosas oscuras. Exalta a las naciones y las hace desaparecer, expande a los pueblos y los suprime. Priva de inteligencia a los jefes de la tierra y los hace vagar por un desierto sin caminos: así andan a tientas en la oscuridad, sin luz, y se tambalean como ebrios" (Job 12, 13-25).

Ante el sufrimiento humano, es común encontrar a quienes viven una verdadera crisis de fe. Es común cuestionar: ¿Existe Dios realmente? Y si existe ¿porqué me ha tocado sufrir de esta manera?

Esta crisis se agrava cuando contemplamos el sufrimiento de las personas buenas o inocentes, a quienes podríamos llamar amigos de Dios.

Se valora la presencia de la gente buena y mucha gente pide su intercesión: "Cuando reces, les dicen, pide a Dios por nosotros".

Pero la realidad es que los amigos de Dios, frecuentemente se ven triturados por el sufrimiento o la enfermedad. Es como si Dios se complaciera en tratarlos como enemigos. Éste es el drama principal en Job, y es también el drama de la fe de los creyentes.

Son fuertes y dramáticas las afirmaciones de Job: *"Dios me entrega al poder del injusto, me arroja en manos de los malvados. Yo estaba tranquilo y él me destrozó, me tomó por el cuello y me hizo pedazos. Me puso como blanco ante él, sus flechas vuelan a mi alrededor. Traspasa mis riñones sin piedad y derrama por tierra mi hiel.*

Abre en mí una brecha tras otra, arremete contra mí como un guerrero. Llevo cosido un cilicio a mi piel, tengo hundida la frente en el polvo. Mi rostro está enrojecido por el llanto y la oscuridad envuelve mis pupilas. Sin embargo, no hay violencia en mis manos y mi plegaria es pura" (Job 16, 11-17).

Job mismo, afirma que Dios trata como enemigos a sus amigos.

"Él cercó mi camino y no puedo pasar; cubrió de tinieblas mi sendero. Me ha despojado de mi honor y quitó la corona de mi cabeza. Me demolió por completo, y ya me voy; arrancó, como un árbol, mi esperanza.

Encendió su indignación contra mí y me trató como a su enemigo. Sus escuadrones llegaron en tropel, se abrieron camino hasta mí y acamparon alrededor de mi carpa" (Job 19, 8-12).

Este es el drama de la fe. Job afirma que sus males provienen de Dios. Es una afirmación desconcertante, porque los creyentes de nuestro tiempo oramos a Dios como nos enseñó Jesús en el Padre nuestro: *"Líbranos del mal"*.

¿Puede Dios, que es infinitamente bueno, enviar un mal a las personas o sólo lo permite?

Lo más atrevido que nosotros podríamos llegar a afirmar es que Dios nos abandona al poder del enemigo, pero en Job no hay lugar a dudas. Es Dios mismo quien lo acosa y lo derriba.

"Él me aplasta por una insignificancia y multiplica mis heridas sin razón. No me da tregua ni para tomar aliento, sino que me sacia de amarguras.

Si es cuestión de fuerza, él es el más fuerte; si de justicia, ¿quién podría emplazarlo? Si tengo razón, por mi propia boca me condena; si soy íntegro, me declara perverso" (Job 9, 17-20).

Sería innumerable hablar de todos los profetas y santos que han pasado pruebas terribles en su vida y su ministerio. Todo el que se ha santificado, podría dar testimonio de las adversidades y tribulaciones vividas en el amor y el servicio a Dios.

Podemos escuchar, por ejemplo, a Santa Teresita del Niño Jesús: *"Permitió que mi alma se viese invadida por las más densas tinieblas, y que el pensamiento del cielo, tan dulce para mí, no fuese ya más que un motivo de combate y tormento.*

Esta prueba no debía durar sólo algunos días, algunas semanas, sino que había de prolongarse hasta la hora marcada por Dios, y... esa hora no ha sonado todavía.

Quisiera poder expresar lo que siento, pero ¡ay de mí!, creo que es imposible. Es necesario haber caminado por este sombrío túnel para comprender su oscuridad" (Historia de un Alma, página 246).

Job, y todos los siervos y amigos de Dios a lo largo de la historia, tendrán que afrontar este combate de la fe. Es el signo de nuestras limitaciones y fragilidades humanas.

Este drama se hace más agudo cuando el amigo busca a Dios y no lo encuentra. Dios permanece callado, como sucedió a lo largo del libro de Job.

El silencio de Dios

Es de llamar la atención que durante casi todo el libro Dios ha permanecido callado.

Parece obvio, pero es importante afirmar que Dios existe. Habló en los dos primeros capítulos pero no con Job, sino desde su corte celestial y con el Adversario.

Job cree en Dios sin dudar y por eso lo busca con insistencia, no ha dejado de invocarlo a lo largo de todo el libro. Ninguna palabra humana, de su esposa o de sus amigos, lo ha llenado de esperanza y paz. Todo ha sido en vano. Sus familiares y amigos han empeorado su herida, y Dios, a quien tanto ha buscado, retado, y provocado, permanece en silencio.

Es importante aclarar que Job no tiene la menor idea de la apuesta que Dios ha aceptado del Adversario. Él no podría saber lo que sucede en la corte de Dios, y los diálogos que provocaron todo su sufrimiento.

Las personas no sabemos lo que Dios piensa de nosotros y las apuestas que pueda hacer con nuestra vida. Si Job lo hubiera sabido, si nosotros supiéramos lo que piensa Dios de nosotros, entonces el drama no sería tan grande. Pero la vida de fe no es así.

Así que más que todos los padecimientos físicos, lo exaspera el inexplicable silencio de

Dios. Por eso lo invoca tanto, lo reta a juicio, quiere saber porqué lo trata de esa manera, porqué se porta como su enemigo.

Job se rebela contra este silencio de Dios. Antes consideraba a Dios amigo cercano, ahora lo siente tan lejano y por eso quiere encontrarlo.

Tal vez sea el deseo y la esperanza de volverlo a ver, aunque sea en la muerte, pero quiere encontrarse con Dios, oírlo, ver el rostro que tanto se le oculta. *"Y después que me arranquen esta piel, yo, con mi propia carne, veré a Dios. Sí, yo mismo lo veré, lo contemplarán mis ojos, no los de un extraño"* (Job 19, 26-27).

Han transcurrido 37 capítulos del libro, y Dios ha permanecido en silencio. Job parece desvariar con este silencio. Le grita, lo invoca, lo cuestiona, pero también comprende con reverencia que Dios está en otro nivel, al punto de que siente la necesidad de tener a alguien como mediador.

"¡No, él no es un hombre como yo, para responderle y comparecer juntos en un juicio! ¡Si hubiera al menos un árbitro entre nosotros, que pusiera su mano sobre los

dos, para que Dios aparte su vara de mí y no me atemorice su terror! Entonces le hablaría sin temor, porque estoy convencido de que no soy así" (Job 9, 32-35).

Ya no hay marcha atrás. Job se ha lanzado con todo a buscar a Dios. Con tal de llegar a Él y exponerle su causa está dispuesto a todo, a arriesgar su vida y su fe, porque está en juego su esperanza. *"Arriesgaré el todo por el todo y pondré en peligro mi vida"* (Job 13, 14).

Buscar a Dios

Estamos en el ocaso de nuestras reflexiones, y el gran mérito de Job es no haber dejado de buscar a Dios y de invocarle, de quejarse ante Él, de gritarle con fuerza.

"¡Ah, si alguien quisiera escucharme! Aquí está mi firma: ¡que el Todopoderoso me responda!

En cuanto al documento que escriba mi oponente, yo lo llevaré sobre mis espaldas, y me lo ceñiré como una corona. Sí, le manifestaré cada uno de mis pasos; como un príncipe, me acercaré hasta él" (Job 31, 35-37).

Job nos ha dado un testimonio muy grande de fe. A pesar de sentirse aplastado por Dios no ha dejado de buscarlo. Es al Creador a quien invoca. Su dramática fe, vivida intensamente hasta el final, le llevarán a no desfallecer hasta encontrar en Dios una respuesta.

"¡Ah, si supiera cómo encontrarlo, si pudiera llegar hasta su tribunal! Yo expondría mi causa ante él y llenaría mi boca de recriminaciones. Sabría entonces cuál sería su respuesta, y estaría atento a lo que él me dijera" (Job 23, 3-5).

Tarde o temprano, su tenaz perseverancia en la fe hará que llegue aquello que tanto anhela su corazón.

9

LA ESPERANZA DEL JUSTO

"Aunque me mate,
seguiré confiando en Él"
(Job 13, 15)

Hemos leído muchos textos de queja y lamentación, de dolor y sufrimiento. Pero también en el libro hay textos de consuelo y esperanza. Estos textos hay que saberlos descubrir entre líneas, porque muchas veces son el fruto de la amistad herida, del niño que quiere llamar la atención de su padre.

"¿Le haría falta mucha fuerza para disputar conmigo? No, sólo bastaría que me prestara atención. Allí, un hombre recto discutiría con él, y yo haría triunfar mi derecho para siempre.

Pero voy hacia adelante, y él no está, hacia atrás, y no lo percibo; lo busco a la izquierda, y no lo diviso, vuelvo a la derecha, y no lo veo. Sin embargo, él sabe en qué camino estoy: si me prueba en el crisol, saldré puro como el oro.

Mis pies han seguido sus pasos, me mantuve en su camino y no me desvié. No me aparté del mandamiento de sus labios, guardé en mi pecho las palabras de su boca.

Pero él ya decidió: ¿quién lo hará volver atrás? Lo que él desea, lo hace. Él va a ejecutar mi sentencia, y hay en él muchos designios semejantes.

Por eso, le tengo temor, reflexiono, y tiemblo ante él. Dios me ha quitado el ánimo, el Todopoderoso me ha llenado de espanto: porque no son las tinieblas las que me aniquilan ni tampoco la oscuridad que cubre mi rostro" (Job 23, 6-17).

Job ha sido privado de todo, pero aún mantiene viva la esperanza. Eso hace que su fe realmente sea pura y desinteresada. Su amor por Dios ya no tiene máscaras y no puede ser acusado de interés.

Su búsqueda no es de salud, de riquezas, de lazos personales. Su búsqueda es de Dios, con quien tanto desea encontrarse.

Ahora ya no se puede acusar a Job de interesado. Sus preguntas y reclamos no han sido con la intención de defender sus bienes o recuperar la salud. Su esperanza radica en el encuentro con Dios, de quien siente que lo aplasta, pero en quien sigue poniendo su esperanza.

"¡Ah, si tú me ocultaras en el Abismo, si me escondieras hasta que pase tu enojo y me fijaras un plazo para acordarte de mí! Un hombre, una vez muerto, ¿podrá revivir?

Entonces yo esperaría, todos los días de mi servicio, hasta que llegue mi relevo: tú llamarías, y yo te respondería, ansiarías ver la obra de tus manos. Porque entonces no contarías mis pasos ni observarías mi pecado; mi delito estaría bajo sello en una bolsa y cubrirías mi culpa con un enduido" (Job 14, 13-17).

La confianza en Dios es total, aunque quiere saber porqué Dios actúa así. No está poniendo como condición que se le devuelva lo que era o lo que tenía. Ahora Job demuestra con sus actitudes el sentido de la verdadera religiosidad.

Job se está acercando al descubrimiento del Dios verdadero, y lo ha hecho a través el sufrimiento. Ahora sólo falta que se despoje de lo último que le queda, su propia sabiduría y su insistencia en considerarse justo e inocente. Así despojado de todo, Dios podrá hacerse presente.

"Sí, yo sé muy bien que es así: ¿cómo un mortal podría tener razón contra Dios? Si alguien quisiera disputar con él, no podría responderle ni una vez entre mil. Su corazón es sabio, su fuerza invencible: ¿quién le hizo frente y se puso a salvo?

Él arranca las montañas sin que ellas lo sepan y les da vuelta con su furor. Él remueve la tierra de su sitio y se estremecen sus columnas. Él manda al sol que deje de brillar y pone un sello sobre las estrellas. Él solo extiende los cielos y camina sobre las crestas del mar.

Él crea la Osa Mayor y el Orión, las Pléyades y las Constelaciones del sur. Él hace cosas grandes e inescrutables, maravillas que no se pueden enumerar. Él pasa junto a mí, y yo no lo veo; sigue de largo, y no lo percibo. Si arrebata una presa, ¿quién se lo impedirá o quién le preguntará qué es lo que hace?" (Job 9, 2-12).

Ahora con razón podemos llamar a Job el santo paciente. Su paciencia no tiene nada que ver con la resignación de saber que el

Señor da y el Señor quita. Es paciente porque no ha desistido en su esfuerzo perseverante de encontrar a Dios.

Sin lugar a dudas, Job es también el santo de la esperanza. Porque se adelanta a su tiempo para vislumbrar el encuentro del justo con Dios, el final de los malvados y el gozo de la resurrección. Ahora que ya no posee nada, está preparado para escuchar la voz de Dios. Si antes deseaba morir, ahora desea no bajar a la tumba. Quiere permanecer vivo para que Dios lo vea y escuche su clamor.

"¡Tierra, no cubras mi sangre, que no haya un lugar de descanso para mi clamor! Aún ahora, mi testigo está en el cielo y mi garante, en las alturas" (Job 16, 18-19).

10

LA SABIDURÍA DE DIOS

"El hombre no conoce su camino
ni se la encuentra en la tierra
de los vivientes.
El Abismo dice: "No está en mí",
y el Mar: "No está conmigo".
No se puede dar oro fino a cambio de ella
ni se la compra a precio de plata"
(28, 13-15)

Elogio de la Sabiduría

En medio de tanta tensión que se ha creado entre Job y sus amigos, y en medio de tanto drama y sufrimiento expresado por Job, aparece, en el capítulo 28, un remanso de paz, un poema insertado posteriormente pero que es muy importante para nuestra reflexión.

Los amigos de Job han expresado su idea de Dios, Job no ha dejado de provocarlo y nosotros, a estas alturas, tal vez ya tengamos una opinión propia que aportar.

Pero hay dos preguntas expresadas en los versículos 12 y 20 de este capítulo, que ponen al descubierto lo limitado de nuestro conocimiento: *"Pero la Sabiduría, ¿de dónde sale? ¿Y cuál es el lugar de la inteligencia?"*.

La verdadera sabiduría es inaccesible para el ser humano. Así que todos los argumentos y afirmaciones de los amigos de Job quedan ensombrecidos, seguramente también los nuestros, sobre todo cuando hablamos de Dios con aires de saber casi todo de Él.

Es famosa la anécdota de uno de los santos más sabios de toda la historia de la Iglesia, Santo Tomás de Aquino.

Un día, después de celebrar la misa el día de San Nicolás, decidió ya no volver a escribir. Se quedaría inconclusa su obra maestra, la Suma Teológica, que ha servido de estudio y fundamento teológico hasta el día de hoy.

Siempre que sus colaboradores le preguntaban por qué había dejado de escribir, respondía: *"Después de lo que Dios se dignó revelarme el día de San Nicolás, me parece paja todo cuanto he escrito en mi vida, y por eso no puedo escribir más"*.

La Sabiduría sólo es accesible a Dios. *"Dios es el que discierne sus caminos y sólo él sabe dónde está, porque él mira hasta los confines de la tierra y ve todo lo que hay bajo el cielo"* (Job 28, 23-24), y la esperanza que tiene el justo radica en recibir su resplandor en la medida que se acerca al buen Dios.

Por eso el capítulo termina desvelando a los hombres el secreto para acceder a la Sabiduría de Dios. *"El temor de Dios es la Sabiduría, y apartarse del mal, la inteligencia"* (Job 28, 28).

Un Dios cercano

Casi al final del libro, Dios habla, demostrando así que no es ajeno ni lejano a las acciones humanas, a los argumentos de los amigos y a las pretensiones de Job.

Job insistía en confrontarse con Dios, como queriendo que le explicara porqué actuaba así. Ahora el Señor le responde y le pide se prepare para este último combate.

Su respuesta consiste principalmente en una serie abrumadora de preguntas, que remiten al hombre a la sabiduría con que Dios ha creado y gobierna el universo.

El Señor habla con Job, como lo hizo con los grandes personajes de la biblia, desde el viento y la tempestad. Y ahora Job tendrá que prepararse para escucharlo. Dice Dios: *"¿Quién es ese que oscurece mi designio con palabras desprovistas de sentido?"* (38, 2).

Desatinos, palabras sin sentido, carentes de sabiduría, es lo único que las personas podemos expresar ante Dios. Job había hablado sin saber y en vano había luchado por llegar hasta Dios.

Ante la imposibilidad de las personas de llegar a Dios, es Él quien sale a nuestro encuentro. Dios se hace presente, se elimina la barrera con la humanidad.

Quienes sólo podían vislumbrar el reflejo de su Gloria, ahora pueden acceder a ella; pero a Job, que tanto lo retaba hasta el punto de querer pelear con Él le dice: *"¡Ajústate el cinturón como un guerrero: yo te preguntaré, y tú me instruirás!"* (Job 38, 3).

Pobre Job, pobres de nosotros. ¿Qué pregunta podríamos responder a Dios? ¿Qué le podríamos instruir que Él no sepa? Ahora las preguntas de Job han terminado. Es Dios quien pregunta para que Job le responda.

Dios pregunta

No se trata de reproducir todas las preguntas que Dios hace, aunque ganas no me faltan. Las podemos encontrar en nuestra biblia, en los capítulos 38 al 41 de Job.

Aquí sólo menciono algunas, ni siquiera las más importantes, porque todas lo son y nos muestran el imponente poder de Dios.

Dios es Señor de la creación

"¿Dónde estabas cuando yo fundaba la tierra? Indícalo, si eres capaz de entender.

¿Quién fijó sus medidas? ¿Lo sabes acaso? ¿Quién tendió sobre ella la cuerda para medir?" (Job 38, 4-5)

"¿Quién encerró con dos puertas al mar, cuando él salía a borbotones del seno materno, cuando le puse una nube por vestido y por pañales, densos nubarrones?

Yo tracé un límite alrededor de él, le puse cerrojos y puertas, y le dije: "Llegarás hasta aquí y no pasarás; aquí se quebrará la soberbia de tus olas" (Job 38, 8-11).

Dios domina a los malvados

"¿Has mandado una vez en tu vida a la mañana, le has indicado su puesto a la aurora, para que tome a la tierra por los bordes y sean sacudidos de ella los malvados?

Ella adquiere forma como la arcilla bajo el sello y se tiñe lo mismo que un vestido: entonces, a los malvados se los priva de su luz y se quiebra el brazo que se alzaba" (Job 38, 12-15).

Dios es Señor de la luz

¿Por dónde se va adonde habita la luz y dónde está la morada de las tinieblas, para que puedas guiarla hasta su dominio y mostrarle el camino de su casa? ¡Seguro que lo sabes, porque ya habías nacido y es muy grande el número de tus días!" (Job 38, 19-21).

Dios es Señor del reino animal

"¿Quién prepara las provisiones para el cuervo, cuando sus pichones claman a Dios y andan errantes por falta de alimento?" (Job 38, 41).

¿Es por tu inteligencia que se cubre de plumas el halcón y despliega sus alas hacia el sur? ¿Por una orden tuya levanta vuelo el águila y pone su nido en las alturas?

La roca es su morada de día y de noche, la peña escarpada es su fortaleza. Desde allí está al acecho de su presa y sus ojos miran a lo lejos" (Job 39 26-29).

Reconocimiento de Job

Job es embestido con un torbellino de preguntas que no puede responder. El Todopoderoso despliega su poder y parecería que no está dispuesto a ceder. Hasta tal punto que Job no puede hacer otra cosa que reconocer:

"¡Soy tan poca cosa! ¿Qué puedo responderte? Me taparé la boca con la mano" (Job 40, 4).

Ni siquiera se acuerda ya de pedir una explicación de su sufrimiento, sólo reconocer que estaba equivocado al retar a Dios porque hay muchas cosas que sobrepasan su conocimiento.

Dios es para Job la respuesta. No una respuesta general, sino personalizada. Es a él a quien le habla, es a él a quien se le revela, es a él a quien le muestra su grandeza. Nada escapa de las manos de Dios.

Sentencia a los amigos

Para los amigos de Job, Dios también tiene algo qué decir. Por un lado, llama la atención que al joven Elihú, que se había portado tan insolente, Dios lo interrumpa de su largo discurso y ni siquiera la palabra le dirija. pero sí le dirá a Elifaz:

"Mi ira se ha encendido contra ti y contra tus dos amigos, porque no han dicho la verdad acerca de mí, como mi servidor Job".

Ahora consíganse siete toros y siete carneros, y vayan a ver a mi servidor Job. Ofrecerán un holocausto por ustedes mismos, y mi servidor Job intercederá por ustedes. Y yo, en atención a él, no les infligiré ningún castigo humillante, por no haber dicho la verdad acerca de mí, como mi servidor Job.

Entonces Elifaz de Temán, Bildad de Súaj y Sofar de Naamá fueron a hacer lo que les había dicho el Señor, y el Señor tuvo consideración con Job" (Job 42, 7-9).

Estos amigos, tan seguros de sus doctrinas y sus conocimientos teóricos de Dios, ahora son reprobados por Él y tendrán que ver en Job al intercesor que los librará del castigo humillante.

Job había insistido en su inocencia. No tenía los pecados que le imputaban sus amigos pero ahora por fin entiende que Dios no tiene porqué rendir cuentas a nadie y que su Sabiduría da sentido incluso al sufrimiento y a la muerte.

Jesucristo, Sabiduría de Dios

Los cristianos siempre hemos visto en Job una imagen de Jesucristo. Zeno, el primer Obispo de Verona en el siglo IV, estableció un paralelo entre Job y Cristo: Job, rico en los bienes de este mundo y reducido después a la pobreza, es una anticipación de Cristo, que *"por amor a nosotros abandona los bienes del cielo y se hace pobre para hacemos ricos"* (Tratado 11, 15). Dicho obispo también le da importancia a la humillación tan grande de Job, anticipo de la humillación de Jesús.

Habría muchos aspectos que comparar como son el sufrimiento, la tentación, la humillación, la paciencia, la pobreza, la traición de los amigos, la burla de la gente, el despojo de todo, el abandono de Dios.

Todas aquellas preguntas que quedaron sin respuesta en el libro de Job tienen en Jesús su verdadero sentido, la respuesta deseada, porque Jesús es el único que comparte el dolor y sufrimiento de Job, y le da sentido al sufrimiento humano.

Al meditar frente al crucificado, podemos encontrar este sentido al sufrimiento de Job y de todos los inocentes.

En Jesús se manifiesta la absoluta libertad de los designios de Dios sobre la humanidad. La humillación vivida siempre tendrá un sentido liberador. El cuerpo de Jesús, clavado en la Cruz, es el cuerpo de Job y de cada enfermo inocente que recorre los mismos caminos de Jesús, para salvación del mundo.

Jesús lleva sobre sí a la humanidad misma reducida a la desnudez y la trágica condición del sufrimiento. Job, al igual que todo el que sufre, lleva sobre sí las marcas del crucificado. Al contemplar al Crucificado y meditar la realidad de nuestro sufrimiento, podremos hacer nuestras las palabras finales de Job.

"Yo sé que tú lo puedes todo y que ningún proyecto es irrealizable para ti. Sí, yo hablaba sin entender, de maravillas que me sobrepasan y que ignoro.

Yo te conocía sólo de oídas, pero ahora te han visto mis ojos. Por eso me retracto, y me arrepiento en el polvo y la ceniza" (Job 42, 2-5. 5-6).

CONCLUSIÓN

Este recorrido que hemos hecho por el libro de Job nos ha hecho descubrir que Dios no es alguien que está fuera del mundo, encerrado egoístamente en sí mismo.

Dios está atento a las acciones de la humanidad y siempre escucha el clamor de los que lo invocan sinceramente. Dios es protector de la humanidad sufriente y nada escapa a sus designios.

Nosotros quisiéramos que actuara de forma inmediata, Él no tiene por qué explicar su manera de ser y de actuar.

La perseverancia, la paciencia, la fe y la esperanza del justo dieron sus frutos. Lo de menos fue haber recuperado sus bienes, lo más importante, se había afianzado para siempre: la amistad con Dios.

"Después, el Señor cambió la suerte de Job, porque él había intercedido en favor de sus amigos, y duplicó todo lo que Job tenía.

Todos sus hermanos y sus hermanas, lo mismo que sus antiguos conocidos, fueron a verlo y celebraron con él un banquete en su casa. Se compadecieron y lo consolaron por toda la desgracia que le había enviado el Señor. Y cada uno de ellos le regaló una moneda de plata y un anillo de oro.

El Señor bendijo los últimos años de Job mucho más que los primeros. El llegó a poseer catorce mil ovejas, seis mil camellos, mil yuntas de bueyes y mil asnas.

Tuvo además siete hijos y tres hijas. A la primera la llamó "Paloma", a la segunda "Canela", y a la tercera "Sombra para los párpados". En todo el país no había mujeres tan hermosas como las hijas de Job. Y su padre les dio una parte de herencia entre sus hermanos.

Después de esto, Job vivió todavía ciento cuarenta años, y vio a sus hijos y a los hijos de sus hijos, hasta la cuarta generación. Job murió muy anciano y colmado de días" (Job 42, 10-16).

BIBLIOGRAFÍA

Autores varios. (1970) La hora de Job. Monte Avila Editores. Caracas, Venezuela

Carlo María Martini. (2014) La fuerza de la debilidad. Maliaño (Cantabria): Editorial Sal Terrae. 2ª Edición.

Gustavo Gutiérrez. (1995) Hablar de Dios desde el sufrimiento del inocente. Salamanca: Ediciones Sígueme, Colección Pedal No. 183. 3ª Edición.

Jean Leveque. (1986) Job, el libro y el mensaje. Estella (Navarra): Editorial Verbo Divino, Colección Cuadernos Bíblicos No. 53.

José Luz Ojeda. (1965) El libro de Job. Ediciones "Etesa". México

Víctor Morla Asensio. (2007) Comentarios a la Nueva Biblia de Jerusalén. Bilbao: Editorial Desclée de Brouwer.

Teresa de Lisieux. (1989) Obras Completas. Editorial Monte Carmelo. Burgos. 7ª Edición.

Anselm Grün. (2012) Luchar y amar, México.

L. Alonso Schökel y J. L. Sicre Díaz. (1983) Job, comentario teológico y literario. Ediciones Cristiandad. Madrid.

PADRE SALVADOR CARRERA

Sacerdote Católico
del Arzobispado de Morelia,
Michoacán (México)

Para ejercicios espirituales, retiros,
conferencias, atención de grupos,
o para cualquier consulta, aclaración
corrección, aportación o sugerencia del
presente libro,
favor de comunicarse.

Correo Electrónico
salvadorcarrera@outlook.com

Facebook:
@PadreSalvadorCarrera

Twitter:
@SalvatorCarrera

Instagram:
p.salvadorcarrera

22807501R00080

Made in the USA
Columbia, SC
01 August 2018